Copyright © 202

Todos los derechos reservados. Este libro, o cualquier fragmento del mismo, no puede ser reproducido o utilizado de ninguna manera sin el permiso expreso por escrito del editor, excepto para el uso de breves citas en una reseña del libro.

Las solicitudes de autorización para reproducir partes de esta obra deben dirigirse al autor. La información de contacto puede encontrarse en el sitio web del mismo:

www.ordinarydudemeditation.com

Si desea invitar al autor a intervenir en un evento de su organización o está interesado en sus servicios de meditación, póngase en contacto con él a través de la página web.

Para mi madre y mi padre,

que me inculcaron la firme convicción de que todo es posible.

Tabla de Contenido

Introducción: Cómo los hábitos pueden ser divertidos,
sencillos y cambiarte la vida..1

Capítulo 1: Por qué fracasamos al intentar cambiar los hábitos...............9

Capítulo 2: Mitos sobre los hábitos..23

Capítulo 3: El vínculo decisivo entre objetivos y hábitos........................40

Capítulo 4: Tácticas para dominar el cambio de hábitos........................66

Capítulo 5: Rompe con los viejos hábitos..85

Capítulo 6: El poder de la influencia: te conviertes en lo que consumes...97

Capítulo 7: ¿Crees que puedes cambiar?...103

Capítulo 8: Ficha de referencia sobre el cambio de hábitos:
23 estrategias para crearlos o eliminarlos...112

Introducción:

Cómo los hábitos pueden ser divertidos, sencillos y cambiarte la vida

Si estás leyendo este libro, probablemente ya has intentado cambiar tus hábitos en algún momento.

Posiblemente te has marcado unos ambiciosos propósitos en Año Nuevo, has intentado dejar un par de hábitos negativos o has empezado una nueva y prometedora costumbre. Supongo que has escogido este libro porque eres un tipo corriente que ha intentado sin éxito cambiar de hábitos en demasiadas ocasiones.

Tal vez te preguntes por qué, año tras año, sigues estancado en el mismo lugar. Sin hacer ejercicio, ingiriendo comida basura todos los días, con menos de cien dólares ahorrados y preguntándote por qué no cambia nada. Probablemente te sientes un tanto derrotado.

Puede que hayas renunciado por completo a cambiar de hábitos, pero quiero decirte que todavía hay esperanza. Solo tienes que saber por dónde empezar.

Muchos de los libros relacionados con los hábitos que circulan por ahí probablemente te parezcan demasiado científicos, densos o aburridos como para leerlos. El "aburrimiento" es una de las razones principales por las que muchos tipos normales experimentan dificultades. Pero no es la única. Existen tres razones por las que los tíos nos damos por vencidos cuando tratamos de cambiar de hábitos.

1. Cambiar de hábitos no es divertido

Imagínate ser otra persona durante un día...

En lugar de ser el de siempre, un tipo que ha hecho las cosas de la misma manera durante años y que se ha instalado cómodamente en su rutina, puedes convertirte en una persona nueva.

- Si a menudo te sientes desganado... ¿y si pudieras ser alguien que se siente ligero, esbelto y lleno de energía?

- Si tu ansiedad no tiene fin... ¿y si pudieras experimentar lo que es estar tranquilo y centrado habitualmente?
- Si con frecuencia te invade la desesperación... ¿qué pasaría si pudieras recuperar el control de tu vida y estar preparado para enfrentarte al mundo?

Si me lo preguntas, experimentar lo que supone ser una persona diferente suena bastante divertido. Y eso es exactamente lo que un cambio de hábitos puede hacer por ti.

De hecho, cambiar decenas de hábitos me ha permitido experimentar muchas vidas. Me ha ayudado a sentirme menos aturdido y a ver el mundo con unos colores más brillantes (cuando limité el consumo de alcohol y cafeína); a eliminar la ansiedad (meditación); y a verme y sentirme en plena forma como cuando era adolescente y tenía 20 años (haciendo ejercicio de dos a cuatro veces por semana). E incluso las veces que decidí no mantener un hábito, me sirvió para entrever otro estilo de vida, abriendo una ventana a otro mundo que podría ser el mío si quisiera.

Cuando dejé Facebook durante 40 días, me sorprendió comprobar hasta qué punto me sentía menos distraído. Cuando decidí no leer las noticias durante un mes, de repente ya no me irritaban los titulares que presentaban el fin del mundo. Cuando cesé de beber refrescos durante dos meses, me sentí menos ansioso y confuso, y un poco más tranquilo. Volví a todos estos hábitos por diferentes motivos, pero me mostraron cómo podría ser la vida sin ellos. Y experimentar con tus hábitos puede hacer lo mismo contigo.

Sinceramente, las tácticas que se emplean para cambiar un hábito no son precisamente divertidas. Pero experimentar vidas diferentes, algunas apenas una semana después de comenzar con tu nuevo hábito, es muy emocionante. Probablemente descubrirás que probar un nuevo estilo de vida merece la pena.

2. Cambiar de hábitos es muy difícil

Es fácil sentirse agobiado cuando uno se plantea cambiar un hábito. Pensar en todo el esfuerzo que supone, semana tras semana, puede parecer un esfuerzo irrealizable. Tomemos como ejemplo el ejercicio. Según mi experiencia, se necesitan varios meses de empeño antes de lograr instaurar el hábito de hacer ejercicio de forma duradera. Eso es mucho tiempo. Y si te obsesionas pensando en ese camino más largo y difícil, puedes llegar a desanimarte.

Las estrategias que expongo en este libro desglosan el tema de forma sencilla y amena. En lugar de pensar en todo el esfuerzo que supone cambiar, nos centraremos en ir avanzando poco a poco. Son tácticas fáciles que puedes aplicar ahora mismo y que reducen el esfuerzo necesario. En vez de fijarnos en la escalera (el esfuerzo y el largo camino a recorrer), vamos a concentrarnos en los pasos. Ya verás cómo todo se simplifica considerablemente.

3. Cambiar de hábitos no importa

Cuando te sientes cómodo con los hábitos que tienes en este momento, ¿realmente importa si abandonas?

La verdad es que no importa mucho a corto plazo. Pero los hábitos que creas hoy pueden tener un efecto tremendo en tu vida a largo plazo. El libro *El Efecto Compuesto* de Darren Hardy lo explica magistralmente.

Hardy utiliza la inversión como metáfora. Invertir algo de dinero al mes no supone mucha diferencia a corto plazo, pero si se acumula a lo largo de 30 años, ese dinero se convierte de repente en cientos de miles o incluso en millones. Lo mismo ocurre con los hábitos. Echar mano de esa bolsa de patatas fritas todos los días tiene un efecto muy leve hoy, o la semana que viene. Pero si repites ese hábito durante años, es probable que acabes con sobrepeso y con problemas de salud. Puede que veas pocos resultados tras una o dos semanas practicando natación, pero al cabo de varios años, tu salud y tu físico estarán mucho mejor que el de muchos de tus amigos.

Visualizar todo el escenario es una de las claves del cambio de hábitos, algo que explicaré con más detalle a lo largo de este libro.

Sea cual sea la razón por la que te enfrentas a tus hábitos, es fácil descartar una nueva rutina o un cambio... especialmente cuando está empezando el siguiente episodio de Juego de Tronos, tus amigos te esperan en el bar o el sofá te llama para que te eches una siesta. Pero las recompensas que se obtienen al cambiar un hábito son absolutamente increíbles. Mis hábitos me han permitido publicar tres libros, empezar a trabajar en otros dos, sentirme con más energía, ahorrar cerca de 20.000 dólares en pocos años y alcanzar muchos de mis objetivos personales. Sea cual sea tu ambición, el resultado es el objetivo, los hábitos son el camino hacia el éxito.

Es más, cambiar tus hábitos te hará sentirte bien contigo mismo. Incluso si se trata de uno pequeño, como despertarse media hora antes, por ejemplo, te proporcionará una mayor confianza en ti mismo. Como si pudieras lograr cualquier cosa. Y la verdad es que puedes.

Para un tipo normal y corriente, cambiar de hábitos puede resultar desconcertante. Pero no tiene por qué serlo. Como todas las *Guías de un tipo normal*, este libro te ofrece la misma clase de beneficios: te proporciona unos pasos útiles y sencillos para lograr un cambio. En este libro, ese cambio gira en torno a los hábitos.

Originalmente escribí este libro como complemento de la *Guía para la meditación, escrita por un tipo normal*. Siempre le digo a la gente que meditar es fácil. Lo difícil es crear el hábito. Aunque menciono las tácticas que utilicé para empezar a meditar, este libro va mucho más allá. Trata de los hábitos ordinarios a los que nos enfrentamos, como hacer ejercicio con regularidad, dejar de fumar, ahorrar dinero, comer más sano, leer más o dejar la adicción a los teléfonos inteligentes, entre otros.

A lo largo de los años he ido modificando docenas de hábitos. Empecé a usar hilo dental en los últimos años de mi adolescencia, dejé de fumar a los veintitantos, retomé la meditación diaria a los treinta años, y así muchos otros. Pero, de todos los años de mi vida, nunca he cambiado tantos hábitos como lo hice en 2017, hasta ocho en total. Algunos tan sencillos como hacer la cama todas las mañanas, y otros más complicados, como reducir el consumo de alcohol y café a unos pocos días a la semana. También modifiqué varios bastante típicos. Algunos que a muchos tipos normales les gustaría conseguir. Hacer ejercicio todas las semanas y ahorrar un par de cientos de dólares al mes son algunas conquistas de ese momento. Subir a 300 dólares al mes fue bastante fácil, ya que es un hábito que adquirí anteriormente. Sin embargo, los hábitos relacionados con el alcohol, el café y el ejercicio fueron excepcionalmente agotadores, porque no entendía su origen. Pero ya hablaré de eso más adelante.

Dicho esto, todos aprendemos de los errores. Y las lecciones que me enseñaron mis primeros fracasos al tratar con los hábitos son la fuente de algunos consejos prácticos que encontrarás a lo largo de este libro. Así que, ¿nos ponemos manos a la obra?

El primer paso para modificar cualquier hábito es examinar por qué no se ha producido el cambio.

Capítulo 1

Por qué fracasamos al intentar cambiar los hábitos

En mi aventura por cambiar docenas de hábitos, pude identificar tres causas principales que provocan el fracaso. Creo que todos los tíos, incluido yo mismo, nos enfrentamos a ellas en un momento u otro. En este capítulo las analizaremos, empezando por una de las razones más importantes por las que muchos hombres abandonan el cambio de hábitos (o cualquier otro cambio): el propio fracaso.

Así que empecemos por aquí.

1. El fracaso te desmotiva

El fracaso es un trago amargo. Fracasar, aunque solo sea una vez, puede dejarte sin esperanzas, lo que arruina tus posibilidades de éxito incluso antes de empezar. ¿Por qué molestarse en hacer una dieta, una rutina de ejercicios o dejar de fumar, si ya has fracasado una vez?

"Seguramente, volveré a fracasar", podrías pensar. Así que es mejor que no hagas nada y te rindas a tus malos hábitos.

La verdad es que todos sentimos cierto miedo al fracaso. Incluso después de haberlo sufrido miles de veces, todavía me fastidia que ocurra. Pero es posible fallar una vez, y luego tener éxito en tu segundo, décimo o incluso quincuagésimo intento. Antes de iniciar exitosamente mi rutina semanal de ejercicios el 1 de enero de 2017, había fracasado una buena cantidad de veces. Antes de dejar de fumar a los veintitantos, fracasé al menos unas dos docenas de veces anteriormente.

Y, por supuesto, existen muchos ejemplos de personajes históricos y famosos que sufrieron el sabor de la derrota. Thomas Edison falló mil veces antes de inventar la bombilla[1]. La primera novela de Stephen King, Carrie, fue rechazada 30 veces antes de su publicación. Hasta que el imperio Disney conquistó el mundo, Walt intentó fundar un estudio cinematográfico que acabó quebrando. Sí, incluso el de Mickey Mouse fracasó, y hay innumerables historias similares....

Estos revolucionarios y personas influyentes a nivel mundial eran tipos normales, como tú y yo, pero siguieron adelante a pesar de sus tropiezos y acabaron alcanzando la vida de miles de millones de personas.

Para desarrollar con éxito un nuevo hábito, hay que empezar. Y el miedo al fracaso impide a muchos hacer justamente eso. En mi anterior libro, *Guía para la meditación, escrita por un tipo normal*, lo mencioné, pero merece la pena repetirlo.

El hombre de seis años de edad

¿Has oído hablar alguna vez del hombre de seis años? Ya sabes, un niño de seis años que es tan alto como un hombre, que toma decisiones sabias como un anciano y que bebe vino a sorbos mientras lee a Aristóteles.

Yo tampoco.

Para cualquier niño de seis años, el proceso de convertirse en un hombre no se produce de la noche a la mañana. Primero debe asistir a la escuela, aprender a defenderse y a cuidar de sí mismo, controlar sus emociones y vivir innumerables fracasos. Nadie espera que un niño de seis años se comporte como un tipo adulto. La gente entiende que los niños necesitan tiempo para desarrollarse, crecer y aprender de sus experiencias. No nacen perfectos.

El fracaso forma parte de la mejora. Así que, ¿por qué deberías esperar algo diferente de ti mismo?

Si ya has sido incapaz de iniciar una dieta en una o dos ocasiones, es posible que te parezca imposible llegar a conseguirlo... pero, ¿cuántas veces fallaste a la hora de aprender a leer o a montar en bicicleta antes de lograrlo? ¿Una o dos veces? Sabes tan bien como yo que estas actividades requieren docenas o incluso cientos de intentos. Y para que empieces a adquirir tu nuevo hábito, tienes que asumir que es muy probable que necesites superar uno o dos fracasos antes de alcanzar tu objetivo.

En nuestra sociedad, existe el concepto erróneo de que, una vez que eres adulto, lo tienes todo resuelto. Lo cierto es que la edad es irrelevante. Nunca dejamos de crecer. Así que, como si fueras un niño, ve con calma y acepta que no tienes mucha experiencia en tu nueva habilidad. Pero en lugar de creer ingenuamente que tendrás éxito con rapidez, debes ser consciente de que la mayoría de las veces no vas a acertar en el tiro.

Prepárate para fracasar

Cuando te lances a la aventura de instaurar un nuevo hábito, **ten presente que se producirán**

contratiempos. Así evitarás sentirte abatido cuando falles. Por supuesto, aceptar el fracaso es más fácil de decir que de hacer. Por eso debes prepararte para afrontar esos sentimientos inevitables. El fracaso escuece una barbaridad.

Te sentirás frustrado, derrotado y dispuesto a abandonar. Querrás ahogar tus penas en una cerveza, comiéndote una pizza. Pero no evites tus sentimientos. Cuando estés triste, deja que esos sentimientos fluyan. Descansa bien, da un paseo al aire libre o haz algo de ejercicio. Pero hazme un favor, deja la cerveza y la pizza para las celebraciones, para los buenos momentos. Encontrarás más consuelo hablando con un amigo que atiborrándote de comida. Puede que te lleve un día o dos, o incluso una semana, pero te prometo esto: los sentimientos de fracaso pasarán igual que lo hace una tormenta eléctrica o el dolor de una rodilla magullada.

El fracaso es una de las muchas heridas que se curan. Y cuando lo haga, será el momento de reflexionar sobre la causa del mismo, modificar tu comportamiento en consecuencia y seguir adelante con el cambio de hábitos.

¿Vas a fracasar cada vez que cambies un hábito?

No, el éxito puede llegar de forma inmediata. Pero esto a menudo depende de la dificultad del hábito que estás cambiando. Por ejemplo, desde julio de 2017 he hecho la cama todos los días, sin faltar ni una sola vez. Pero hacer la cama es fácil: solo se tarda un par de minutos. No es un reto tan abrumador como hacer ejercicio semanalmente o dejar de fumar. Puede que nunca fracases al cambiar una rutina sencilla. Pero para todo lo demás, espera contratiempos.

No prepararse para el fracaso es, por supuesto, solo una pieza del rompecabezas del cambio de hábitos.

2. La visión limitada y la solución fácil

"Solo una chocolatina... lo juro... después de eso, vuelvo a mi dieta. Lo prometo".

Si alguna vez has tratado de perder peso o has intentado renunciar a tu comida o bebida favorita, seguro que estas palabras u otras similares te suenan familiares. Pero, por favor, no escuches la voz de la tentación. Si te sorprendes pensando: "Solo esta vez, lo prometo", ignóralo. Lávate la cara con agua fría y dile a tu colega que te abofetee. Estás a punto de ceder en tu nuevo hábito.

Lo sé, resulta difícil introducir un cambio cuando tienes delante de la cara una chocolatina, una pizza, un cigarrillo o un donut. Es casi irresistible. Y por eso tienes que fijarte en la perspectiva global.

Pero probablemente estés pensando: "¡Tío, es más fácil decirlo que hacerlo!".

Es cierto. Así que déjame contarte una historia...

Puede resultar difícil de creer que un tipo como yo, que siente una enorme pasión por las cervezas negras, rubias, porters y de cualquier tipo, haya renunciado a todas ellas, incluyendo licores y alcohol, durante cinco meses consecutivos. Pero eso es exactamente lo que hice en el verano de 2011. ¿Por qué alguien como yo haría algo tan horrible? Todo empezó con un persistente caso de pie de atleta. Sí, sé que es un poco asqueroso, pero tened paciencia.

Si estás dentro de la media, es posible que hayas sufrido de pie de atleta una o dos veces. Es incómodo, pica y, sí, es embarazoso. En mi caso, este asqueroso hongo lo adquirí en Australia y me acompañó durante dos años... ¡dos malditos años!

Probé cremas y hablé con varios médicos, pero nada parecía eliminar el problema. Así que hice algo extremo. Me aparté del tratamiento médico estándar y busqué a una herborista china, la cual me indicó que el alcohol estaba alimentando la enfermedad.

Que Dios me ayude...

Pero la herborista tenía razón. Cada vez que bebía, mi pie de atleta empeoraba.

Como ocurre con cualquier persona que intenta restringir su dieta, te puedes imaginar cómo me asaltaba la tentación. Y así fue. Sobre todo, porque durante esos cinco meses fui regularmente a bares con los amigos. Pero no podía ceder. La razón es que me mantuve centrado en la visión global.

Estaba cansado de las molestias y de la vergüenza que me causaba el pie de atleta. Cada vez que sentía la tentación de tomarme una copa, pensaba en lo mucho que deseaba deshacerme del hongo y seguir adelante con mi vida. Sabía que si sucumbía a la mentalidad de "solo por esta vez" y me tomaba aunque fuera una sola copa con mis amigos, eso podría llevarme fácilmente a dos, tres o diez más esa semana. Una visión limitada me habría hecho caer en la tención fácilmente, pues ahí estaba la jarra de cerveza en la mesa esperándome. Debía mirar más allá del bar, mirar el futuro.

Y si alguna vez has intentado restringir tu dieta, dejar de fumar o abandonar alguna adicción, seguro que has pasado por ello. Has sentido la tentación de ceder **solo por una vez**. Por supuesto, es difícil resistirse. Es difícil decir "no" cuando ceder es tan fácil. Y sentirse así no es algo de lo que haya que avergonzarse. Todos somos humanos.

Por eso es importante observar el escenario en su conjunto. Cada vez que mires, oigas o huelas tu tentación, piensa en cómo quieres que sea tu vida dentro de tres meses, un año o una década. ¿Qué pasa si te rindes?

Permíteme decirte lo que ya sabes: ya has recorrido ese camino. Y esta es tu oportunidad de elegir una senda diferente. No, no es fácil renunciar al corto plazo y cambiarlo por el largo, el cual debe ser tu objetivo. Cuando surja la tentación, cambia tu enfoque del impulso en cuestión, sustitúyelo por la imagen de esa vida que quieres crear. Imagina literalmente tu vida en el futuro. Si consigues abandonar el mal hábito, ¿cómo será tu vida dentro de un año? ¿Cómo te sentirás? ¿Serás más feliz o estarás más sano? ¿La gente se comportará de forma diferente contigo?

Esta es la clave para lograr un cambio duradero. Y aunque pensar a corto plazo es solo una de las causas del fracaso a la hora de crear hábitos, aún no hemos terminado.

3. Sobrecarga de información, tiempos caóticos y caldo de cultivo de malas decisiones

La era de la información tiene cosas buenas y malas. Es cierto que puedes acceder a todo tipo de contenidos. La visión moderna del oráculo, Google, te permite obtener respuestas a casi cualquier pregunta en cuestión de segundos. Pero todo esto presenta una desventaja de la que rara vez se habla: la sobrecarga de información.

Existe una cantidad de información alucinante, desde libros, periódicos y millones de páginas web hasta la televisión y todos los demás medios de comunicación. Podrías navegar por Internet sin parar durante el resto de tu vida y no consumir ni una mínima parte de todos sus contenidos.

Al disponer de un acceso sencillo a toda esta información mediante el smartphone que llevas en el bolsillo, puede resultar casi imposible pensar con claridad. Si eres como la mayoría de la gente, tu mente está constantemente confundida con nuevas historias, consejos, letras de canciones, cotilleos, pensamientos al azar y todo tipo de datos. El problema es que ¿cómo puedes pretender cambiar un hábito cuando tu mente está tan desordenada?

No cabe duda de que cambiar un hábito es difícil. Normalmente requiere romper uno que ya está consolidado dentro de tu rutina diaria, y luego repetir el nuevo cotidianamente. Hacer una tarea una y otra vez requiere concentración.

La concentración es uno de los elementos más importantes para cambiar un hábito, algo que requiere de un esfuerzo intenso para lograr ponerlo en marcha y mantenerlo. Debes comprender que cuanto menos puedas concentrarte, menos posibilidades tendrás de cambiar.

Un ejemplo extraído de mis propias vivencias.... Me gusta mucho marcarme objetivos al principio del año. Desde 2014 hasta 2016, adopté la costumbre de redactar un listado que contenía entre 30 y 60 objetivos que debía cumplir en el siguiente periodo de 12 meses. A finales de 2016, me di cuenta de que en años anteriores solo había cumplido la mitad de los objetivos, y no aquellos que más me importaban.

Así que en 2017 decidí hacer algo radical. Me propuse cumplir únicamente dos objetivos: hacer ejercicio de dos a cuatro veces por semana, durante las cincuenta y dos semanas, y ganar cuatro veces más dinero que al principio de 2017. Eran objetivos muy ambiciosos. Había fracasado muchas veces al iniciar una rutina de ejercicios. Y ganar cuatro veces mi salario actual sería más dinero del que había ganado en cualquiera de mis cuatro años en Bangkok.

Sorprendentemente, a finales de 2017 había conseguido cumplir ambos objetivos. Al concentrarme solo en dos, me resultó fácil recordar en qué estaba trabajando cada día mientras me esforzaba por cumplirlos. Recordar de 30 a 60 objetivos era imposible. Pero dos era sencillo. El reducido número de objetivos me mantuvo centrado en ellos, lo que me lleva a una valiosa lección...

Menos concentración = menor cambio.

Una de las principales razones por las que recomiendo la meditación es porque te ayuda a desarrollar la capacidad de concentrarte durante largos periodos. Cuanto más puedas concentrarte, más podrás lograr lo que quieras. Pero la concentración tiene enemigos más potentes que los miles de millones de distracciones y la gran cantidad de información que tenemos a nuestro alcance.

Si la Concentración fuera un superhéroe, el Caos sería su villano definitivo.

Es probable que hayas pasado por un periodo de crisis personal. Tal vez tu mundo se puso patas arriba por la muerte de un amigo o familiar, un gran varapalo económico o la pérdida del empleo. Con independencia del motivo, una crisis personal es un ejemplo de lo que ocurre cuando el caos se cuela en tu vida. No obstante, el caos adopta muchas formas.

Y no ocurre únicamente en los malos momentos, los buenos también pueden ser igual de caóticos. Un embarazo o el nacimiento de un hijo pueden desestabilizar tu mundo. Un nuevo empleo o una avalancha de trabajo pueden hacer que otras partes de tu vida, otros objetivos, se queden en el camino.

El caos, bueno o malo, puede destruir cualquier posibilidad de iniciar un hábito. Cuando los tiempos son turbulentos, la fuerza de voluntad para mantener la concentración y seguir adelante a menudo cede, y nos conformamos con cenas en el microondas, alcohol, y sucumbimos al encanto de la pizza a domicilio y Netflix. La solución fácil es demasiado atractiva.

Entonces, ¿qué se puede hacer para evitar el bloqueo del caos? Basta con ser consciente de ello. Si intentas iniciar un hábito durante un gran cambio vital o una crisis personal, debes saber que tus posibilidades de fracaso probablemente se habrán cuadruplicado. Puede ser mejor esperar a que pasen las turbulencias. ¿Significa eso que es imposible cambiar los hábitos durante los momentos caóticos? En absoluto.

Empecé y cambié un total de ocho hábitos en 2017 y fue uno de los años más turbulentos de mi vida. Más adelante abordaremos los detalles de cómo lo hice. Pero por ahora, date cuenta de que el caos es una de las principales causas del fracaso de los hábitos.

---

[1] Bueno, amigo mío, siendo totalmente sincero, al parecer se discute el número de intentos fallidos de Edison para crear una bombilla. 1.000 parece una cifra bastante aceptada, pero como explica el siguiente artículo, la respuesta real es incierta. Digamos que fracasó bastantes veces.

http://www.nightingale.com/newsletters/556 Consulta la cita completa en las notas finales.

Capítulo 2
Mitos sobre los hábitos

Cambiar las costumbres no siempre es sencillo. Al igual que las tres causas de fracaso mencionadas en el último capítulo, creer en mitos puede malograr tus esfuerzos.

Las cuatro estrategias siguientes gozan de gran aceptación. Y en este capítulo examinaremos cada una de ellas, así como las tácticas para sortear los obstáculos ocultos. Empecemos por la mayor de todas las creencias sobre el cambio de hábitos: que todo lo que necesitas es fuerza de voluntad.

Mito 1: La autodisciplina puede dominar cualquier hábito

Existe la creencia generalizada de que la fuerza de voluntad es suficiente como para cambiar una costumbre. En lugar de idear una estrategia, confías en la autodisciplina. Te aguantas y fuerzas el cambio de hábito.

Muchas personas están familiarizadas con esta mentalidad. Tal vez te hayas decidido a acabar con una costumbre molesta después de leer un libro inspirador, tener una buena semana o algún otro estímulo que te aporte confianza. Ahora, impondrás tu voluntad y conseguirás realizar tu objetivo.

A decir verdad, todas las tácticas destinadas a cambiar los hábitos requieren algo de fuerza de voluntad. Pero confiar únicamente en tu fuerza de voluntad es una garantía de fracaso. No disponemos de un suministro ilimitado de ella. Puede desgastarse y, una vez agotada, serás vulnerable a la seductora comodidad de los viejos hábitos. ¿Quieres pruebas?

Observa este estudio realizado por Roy Baumeister en 1996.

Se solicitó a un grupo de estudiantes universitarios la participación en una supuesta prueba de "percepción de alimentos". Se les pidió que no comieran nada en las tres horas previas a su llegada al laboratorio. Cuando los estudiantes se presentaron en el lugar, les recibió un delicioso aroma a galletas recién horneadas, y sobre una mesa observaron dos cuencos: uno con galletas de chocolate y otro con rábanos. Los investigadores les explicaron que estos dos alimentos se habían elegido por su sabor característico, y que mañana se pondrían en contacto con los participantes para comentar sus impresiones sobre las sensaciones gustativas.

La mitad de los participantes tuvieron suerte. Se les indicó que comieran dos o tres galletas de chocolate y ningún rábano. A la otra mitad se les dijo que comieran dos o tres rábanos y ninguna galleta. Los investigadores salieron de la habitación y los participantes comieron.

Aunque resulte sorprendente, ninguno de los que comieron rábanos cayó en la tentación de zamparse una galleta. La fuerza de voluntad se impuso. En cuanto a los que comieron galletas, seguramente no tuvieron ningún problema para resistirse a los rábanos, ya que no necesitaron emplear su fuerza de voluntad. Ahora es cuando las cosas se ponen interesantes.

Un segundo grupo de investigadores entró en la sala para dirigir un estudio supuestamente no relacionado con el anterior: saber quién era mejor resolviendo problemas, los estudiantes universitarios o los de secundaria. Se planteó así para alimentar el ego de los universitarios. Sin duda, les motivaría demostrar que eran más inteligentes que los estudiantes de secundaria.

Así que a los estudiantes universitarios se les presentaron una serie de rompecabezas irresolubles. Por supuesto, no sabían que eran imposibles de resolver. Los investigadores querían ver cuánto tiempo aguantarían los estudiantes antes de rendirse. ¿Cómo lo hicieron? El grupo de las galletas de chocolate hizo 34 intentos por resolver el puzle durante 19 minutos. Sin embargo, la resistencia del rábano solo llevó a cabo 19 intentos a lo largo de 8 minutos. ¿Cuál fue la causa de esta gran diferencia de rendimiento?

El grupo del rábano se quedó sin fuerza de voluntad. Se consumió al resistirse a las galletas de chocolate en el experimento anterior. Entonces, ¿debería sorprendernos que la fuerza de voluntad se agote?

Pues bien, la fuerza de voluntad, en esencia, no es más que un esfuerzo que se aplica para avanzar o resistirse. Funciona de forma similar al ejercicio físico. Antes de comenzar el entrenamiento, estás fresco y preparado. Pero una vez que empiezas y sudas, tus niveles de energía disminuyen. Al final ya no puedes continuar. Estás agotado. Lo mismo ocurre con la fuerza de voluntad.

Durante más de una década fui un entusiasta convencido de la autodisciplina. De lo que no me di cuenta es de que, cuando creía que únicamente recurría a la fuerza de voluntad, a menudo empleaba otras estrategias, como el reemplazo y el enfoque a largo plazo, de las cuales hablaremos más adelante. Sencillamente, aún no era consciente de ello puesto que todavía no estaba familiarizado con estas estrategias. Dicho esto, el año pasado descubrí otra táctica que supone una alternativa eficaz a la fuerza de voluntad.

Altera tu entorno con el fin de utilizar menos fuerza de voluntad

Los alimentos que comes, la gente con la que te relacionas, los objetos de tu casa o de tu nevera... todo ello influye en tu comportamiento. Así que, si quieres cambiar tus hábitos, considera la posibilidad de modificar tu entorno.

La comida es un ejemplo excelente. Si tratas de perder peso, en lugar de comprar todas las semanas un paquete de galletas y limitarte a comer una al día, simplemente no compres el paquete. Elimina la tentación, y así serás menos propenso a ceder. Sí, podrías ir a la tienda y comprarlas, pero eso requeriría un esfuerzo. Ya vimos que en el estudio anterior se utilizó el esfuerzo para resistir, y en este caso habría que esforzarse. Seamos sinceros, muchos de nosotros somos perezosos (yo incluido).

En Bangkok, a menudo prefiero no ir a una tienda en particular o incluso comprar una pizza porque tengo que cruzar la calle. Es demasiado esfuerzo. Esto se debe a que las calles aquí son endemoniadamente caóticas y, si no prestas atención, es muy fácil que te atropellen. Gracias a Dios, no hay ninguna heladería ni pizzería en el lado de la calle en el que vivo, porque si no probablemente pesaría 5 kilos más. Pero divago....

La cuestión es que utilices el esfuerzo como una ventaja. Si estás intentando dejar las galletas u otros aperitivos azucarados, haz que te suponga un esfuerzo conseguirlos. Es cierto que si eliminas estas golosinas de tu despensa, probablemente no te las quitarás de la cabeza inmediatamente. Pero a medida que pase el tiempo, es probable que te olvides por completo de los aperitivos.

La comida no es el único ejemplo. Si intentas quejarte menos, júntate con tipos que no sean quejumbrosos. La gente de la que te rodeas tiene un tremendo impacto en tu comportamiento. He observado que mi comportamiento se ve influido tanto negativa como positivamente por las personas con las que paso el tiempo. Y he visto cómo cambiaba el comportamiento de mis amigos a raíz de la aparición de una nueva novia, un jefe o un compañero de copas.

Lo mismo se aplica a tu entorno directo. Si quieres realizar algún tipo de tarea de forma habitual -como leer, escribir o estudiar-, cambia tu entorno para que sea óptimo para ese comportamiento. Si quieres escribir durante dos horas, elimina las distracciones que te rodean, como el teléfono, la televisión o la conexión a internet. Limpia la zona donde vayas a realizar esta tarea para que no te desconcentre el desorden.

Si eliminas las distracciones, las tentaciones y las personas que suelen comportarse de la manera que quieres evitar, será mucho más fácil cambiar el hábito. Tendrás que utilizar menos fuerza de voluntad. En otras palabras, trabajar más te supondrá una menor disciplina.

Prepárate para los momentos caóticos

¿Te acuerdas de que en el capítulo 1 mencioné que los momentos caóticos eran una de las principales causas del fracaso al adquirir hábitos? Pues bien, si alteras tu entorno durante estos momentos alborotados, se reducen las posibilidades de que tu nuevo hábito se vea perjudicado.

¿Sufres una crisis personal mientras intentas acabar con la adicción al smartphone? Pues bien, si le pides a tu pareja que esconda tu teléfono móvil cuando llegues a casa, es menos probable que sucumbas a su tentación. Y así aumentan las posibilidades de continuar cumpliendo con tu hábito.

Ten en cuenta que alterar tu entorno no significa que cambies automáticamente tu hábito. Te recomiendo poner en práctica algunas de las muchas tácticas que describiré en los próximos capítulos. De todos modos, modificar el entorno facilita enormemente el proceso.

Mito 2: Compromiso - Si le cuentas a todo el mundo que tienes un nuevo hábito, te presionarán para que tengas éxito

En casi todos los libros que tratan el tema de los hábitos, el autor suele recomendar la obligación de asumir compromisos. La idea general es que le cuentes a todo el mundo que tienes un nuevo hábito y que te sientas avergonzado si no lo cumples. El resultado es que te obligas a cambiar. Dicho esto, yo rara vez utilizo el asumir un compromiso en el caso de los hábitos. Le he hablado a todo el mundo de mis cambios de hábito en muchas ocasiones y he fracasado más veces de las que puedo contar. También he visto a mis amigos correr la misma suerte utilizando esta estrategia. ¿Por qué sucede esto?

Opino que, al principio, la gente experimenta un subidón natural al contarle a todo el mundo cómo es su nuevo hábito. El cambio es emocionante. Especialmente cuando los amigos y la familia transmiten palabras de ánimo, como "así se hace" y "¡puedes conseguirlo, tío!". Pero cuando ese ánimo desaparece, también lo hace el cambio de hábito. En otras palabras, obtienes un refuerzo positivo por intentar un cambio de hábito, no por completarlo. Existe una gran diferencia entre ambos conceptos.

Dejar de fumar es uno de los escenarios más comunes en los que se desarrolla este patrón. Ahora bien, dejar de fumar es probablemente uno de los hábitos más difíciles de cambiar. Cuando luchaba por dejar de fumar hace 10 años, caí en el hábito de "sentirme recompensado" por el mero hecho de intentar dejarlo.

Me sentía totalmente motivado. Se lo conté a todo el mundo, y cuando llegué al séptimo o al décimo día sin fumar, mi orgullo se hinchó y proclamé mi logro a más amigos. Pero entonces, tal vez el día 15, cuando ya no quedaba nadie a quién contar que había dejado de fumar, tuve un desliz. Me fumé un cigarrillo. Antes de darme cuenta, volvía a fumar medio paquete al día.

He sido testigo de este problema en primera persona y he visto cómo les ocurría a muchos amigos a lo largo de los años. Por eso, hoy día casi nunca le digo a nadie que voy a cambiar un hábito. Al actuar de esta manera, me recuerdo que no cambio mi hábito para nadie, sino para mí mismo. El objetivo principal no es impresionar a tus amigos o a tu familia, sino mejorar tu vida. Que alguien lo sepa es irrelevante.

Una vez que lleves varios meses practicando tu hábito, es probable que ni siquiera tengas que decirle a la gente que has hecho el cambio. Se darán cuenta por sí mismos. Por ejemplo, a veces recibo cumplidos, algunas personas me comentan que mi aspecto físico está más tonificado que antes, algo que es producto de haber adquirido la costumbre de nadar. Nunca he tenido que informar a mis amigos de que practicaba este deporte con regularidad; simplemente me preguntan qué hago, y yo les digo que nado con frecuencia.

Dicho todo esto, ¿puede funcionar la táctica de asumir compromisos? Claro, pero tiene que haber algo en juego, algo que vaya más allá de decírselo a todo el mundo.

¿Qué significa realmente asumir un compromiso?

Los compromisos son más eficaces cuando se llevan a situaciones extremas. En la mayoría de los casos de los que he tenido constancia en donde el compromiso ha funcionado, la persona que intentaba cambiar tenía algo que perder. Literalmente. Publicar en las redes sociales que vas a cambiar no suele ser suficiente. Tiene que haber dinero en juego o algún tipo de consecuencia por el fracaso.

Por ejemplo, puedes decirle a tu mejor amigo que si no cambias tu hábito, debe publicar una foto tuya desnudo en internet. Dale la foto antes de empezar para que no puedas cambiar de opinión más tarde. Ahora bien, admito que publicar tus fotos sin ropa en la red es algo extremo. De hecho, jamás lo recomendaría; solo pretendo demostrar el nivel de responsabilidad necesario. Dicho esto, un método similar puede funcionar.

En lugar de darle a tu mejor amigo unas fotografías de desnudos, que probablemente no querrá de todos modos, entrégale 500 dólares. Si fallas, donará ese dinero a una organización o campaña política que desprecies. De este modo, el fracaso tiene un doble efecto: pierdes mucho dinero y apoyas algo que odias.

El compromiso no siempre tiene que implicar humillaciones o grandes donaciones a organizaciones infames. He visto de primera mano cómo funciona en comunidades online. Algunas ofrecen programas que implementan compañeros de compromiso. Esencialmente, te asocias con otro tipo que también está intentando cambiar, y os apoyáis mutuamente en cada paso del camino.

Personalmente, creo que el método del compromiso a través de un programa remunerado funciona mejor que con uno de tus amigos. Hay dinero en juego. Ya he intentado responsabilizar a mis amigos de sus hábitos y he visto cómo fracasaba. No había dinero de por medio. No tenían nada que perder y, por supuesto, como amigos míos, los seguiré queriendo independientemente de que mantengan o no su nuevo hábito.

Otro método puede consistir en contratar a un instructor. Como he mencionado antes en este libro, cuando eliminé el alcohol y el azúcar de la dieta para curar el pie de atleta, acudía a una herborista china cada dos semanas. En aquel momento no lo sabía, pero actuó a modo de instructora que me ayudaba a tener éxito. Estuvo conmigo en todo momento, dándome apoyo y consejos. Además, existía un incentivo psicológico añadido, ya que no quería decepcionarla ni sentir que estaba tirando el dinero.

Así que, si necesitas a alguien que te apoye en tu esfuerzo por cambiar, considera la posibilidad de recurrir a un mentor, a un programa remunerado para asumir compromisos, o proponle a un amigo que te obligue a aceptar responsabilidades con una consecuencia contundente.

Mito 3: La mentalidad del "dejarlo totalmente" o del "todo o nada" funciona para la mayoría de los hombres

Lo he visto cientos de veces... amigos o compañeros de trabajo intentan hacer un cambio y se lanzan a por todas nada más comenzar. Deciden empezar por un programa de ejercicios de cinco días a la semana o reformar totalmente la dieta por puro capricho. El resultado es casi siempre el fracaso.

Sinceramente, algunas personas tienen éxito cortando radicalmente o lanzándose a un cambio de hábito total en lugar de hacerlo con calma. Pero la gran mayoría no lo consigue.

¿He tenido éxito alguna vez aplicando los principios de "corte radical" o de "todo o nada"? En realidad sí, en varias ocasiones. En cada caso se dieron circunstancias específicas que condujeron al éxito:

1. **Fracasos anteriores**: Muchos cambios de hábitos que parecen producirse al instante son engañosos. "Parecer" es la palabra clave. Antes de conseguir "instantáneamente" meditar y hacer ejercicio semanalmente, fracasé docenas de veces. Los amigos, compañeros de trabajo y otras personas no veían estos fracasos. Los hábitos sencillamente parecían surgir "instantáneamente" en las ocasiones donde la gente suele cambiar de hábitos: Año Nuevo y Cuaresma.
2. **Cambios fáciles**: Hacer la cama a diario y escribir seis días a la semana fueron hábitos increíblemente sencillos de instaurar. No hubo ensayo y error de breves logros y luego

fracasos. Tuve éxito con ellos a la primera y no los he interrumpido desde su comienzo en 2017. Dicho esto, ambos fueron hábitos increíblemente fáciles de integrar en mi vida. Es probable que tengas el mismo resultado cuando cambies hábitos sencillos.

¿Y qué hay de dejar de fumar de golpe? Cuando abandoné el tabaco hace 10 años, también "parecía" que ocurría instantáneamente. No reduje lentamente mi número de cigarrillos de una semana a otra. Así que probablemente a mucha gente le pareció que lo dejé de repente. Pero al igual que los hábitos mencionados anteriormente, hubo muchos intentos fallidos antes de eso. Por este motivo, te sugiero que vayas avanzando con pequeños pasos (de los que se habla en el capítulo 4) y que incorpores gradualmente los hábitos más difíciles. De este modo, lograrás un mayor porcentaje de éxito.

Mito 4: Cambia un único hábito a la vez

"Cambiar un único hábito a la vez" no es realmente una creencia mayoritaria. En cambio, es un estilo sobre el cambio de hábitos que se recomienda en el libro *El poder de lo simple*, de Leo Babauta. Aunque el libro es excelente, cambiar varias costumbres a la vez no es demasiado difícil. Solo necesitas escogerlas sabiamente. Durante el año en el que cambié ocho hábitos, a menudo modifiqué varios durante el mismo periodo. ¿Significa eso que puedes cambiar dos hábitos simultáneamente, **sean los que sean**?

No exactamente. En su lugar, cambia aquellos que se complementen, o que al menos no colisionen.

Hábito	Escritura	Alcohol	Café
Semana 1 (Ago 27)	Vie: Viaje (mañana) Sáb: Viaje (mañana)	Jue: 2 cervezas Sáb: 1 cerveza	Vie: 1 café
Semana 2 (Sept 3)	Vie: Viaje (mañana) Sáb: Viaje (mañana)	Mie: 3 cervezas Dom: Champán	Vie: 1 café
Semana 3 (Sept 10)	Vie: Viaje (mañana) Sáb: libre	Mar: 3 cervezas Dom: 3 vasos de vino, 2 cervezas	Jue: 1 café
Semana 4 (Sept 17)	Vie: Viaje (mañana) Dom: Viaje (mañana)	Sáb: 2 cervezas, 2 vinos	0 cafés
Semana 5 (Sept 24)	Escribí viernes y sábado	Mie: muchas cervezas Vie: 2 cervezas grandes y un vaso de vino	Jue: 1 café
Semana 6 (Oct 2)	Vie: Viaje (mañana) Sáb: Viaje (mañana)		Sáb: 1 café
Semana 7 (Oct 9)	Vie: Ilumina (manana) Sáb: Ilumina (mañana)	Sáb: muy borracho	Jue: 1 café
Semana 8 (Oct 16)	Viernes y sábado	Jue: 3 vasos de vino	Mie: 1 café

Durante un periodo de ocho semanas, entre agosto y octubre de 2017, cambié los tres hábitos mencionados: disminuir el consumo de café y alcohol, y escribir seis días a la semana[2]. Ambas bebidas se complementaban muy bien, ya que mi objetivo era tomarlas un solo día a la semana. La escritura realmente no es que se pudiera combinar, pero tampoco chocaba con las otras dos. Lo que hay que evitar es el conflicto.

Por ejemplo, en el verano de 2017 intenté llevar a cabo dos cambios de hábitos al mismo tiempo: reducir el café y levantarme una hora antes. Este experimento fracasó estrepitosamente. Y puedes imaginar por qué. Los hábitos chocan en un nivel fundamental, ya que yo, como otras muchas personas, utilizaba el café como ayuda para despertarme.

Así que cambiar varios hábitos simultáneamente es factible, solo tienes que asegurarte de que no entran en conflicto.

---

[2] Te habrás dado cuenta de que en la imagen de arriba solo enumero dos días de escritura a la semana (normalmente el viernes y el sábado), pero afirmo que acostumbro a escribir seis días a la semana. ¿Por qué? De lunes a jueves trabajo como redactor en una agencia de marketing. Como escribo allí todos los días, solo tengo que completar los otros dos días de la semana. ¿Qué te parece?

Capítulo 3

El vínculo decisivo entre objetivos y hábitos

Objetivos y hábitos no son tan distintos. De hecho, supongo que la razón por la que te interesa el cambio de hábitos está ligada directamente a un objetivo. ¿Quieres perder peso, dejar de fumar o ahorrar 10.000 dólares este año? El resultado es el objetivo, los hábitos son el camino hacia el éxito.

En este capítulo, aprenderás cómo se conectan los hábitos con los objetivos y el papel crucial que desempeñan a la hora de alcanzar el éxito.

3 lecciones sobre el cambio de hábitos - Cómo ahorré para viajar por el mundo ganando 14 dólares la hora

Al igual que muchos veinteañeros, una vez tuve el sueño de viajar por el mundo durante meses. Pero cuando tenía 26 años, tenía un pequeño problema. Estaba arruinado, ganando solo 14 dólares la hora.

¿Cómo iba a ahorrar el dinero necesario para realizar mi deseo?

Documenté la experiencia y las estrategias que utilicé en mi libro *Backpack Abroad Now!* Aunque me llevó un año entero lograr mi objetivo, durante ese periodo aprendí tres valiosas lecciones sobre el cambio de hábitos.

Lección 1: Empieza con un objetivo bien definido

Desde el final de mi adolescencia, viajar por el mundo había sido una de mis metas. Pero el sueño no se materializó hasta que desarrollé una imagen clara de lo que quería. A los 26 años, sabía que era ahora o nunca. Tenía que pasar a la acción. Así que dediqué más tiempo a estudiar la manera de viajar durante un periodo prolongado y cómo sería el viaje.

El Sudeste Asiático me pareció un destino ideal porque era barato y podía experimentar muchas culturas, ya que agrupaba varios países. Así que ese sería mi objetivo: viajaría por el Sudeste Asiático y sus alrededores durante un mínimo de cinco meses.

Permíteme repetirlo... Viajaría por el Sudeste Asiático y sus alrededores durante un mínimo de cinco meses.

Observa cómo el objetivo está perfectamente definido: menciono el lugar (Sudeste Asiático) e indico el periodo de tiempo (un mínimo de cinco meses).

Aunque el hecho de fijarme este objetivo me ayudó a tener éxito, al reflexionar sobre él ocho años después me doy cuenta de que podría haber sido mucho más claro. En otras palabras, podría haberlo hecho mejor. Por ejemplo, podría haber planteado: "Para el 5 de septiembre de 2010, ahorraré 6.000 dólares y viajaré a Vietnam, Tailandia, Australia, China, Filipinas, Indonesia y Camboya durante 6 meses".

Así queda mucho mejor. "Dónde" queda definido con mucha más claridad, se fija un plazo y se nombra una cantidad exacta de dinero a ahorrar.

¿Por qué es importante establecer un objetivo bien definido?

Como se suele decir, hay que saber a dónde se va para poder llegar. Un objetivo claro proporciona una meta. Sin él, no sabes cuál es tu destino final, si has tenido éxito o has fracasado, ni las acciones necesarias para progresar. Y como no sabes lo que quieres, el resultado más probable es la inacción, y tu hábito o meta se queda en un mero deseo.

¿Cómo puedes marcarte un objetivo bien definido? Pregúntate si supera las cuatro pruebas siguientes. ¿Es tu objetivo...

1. **Cuantificable**: ¿Sabrás si has tenido éxito o has fracasado? Como se ha mencionado anteriormente, una fecha límite puede ayudar. Si no viajo al extranjero antes del 5 de septiembre de 2010, sabré que he fracasado.

2. **Concreto**: ¿Tu objetivo es algo tangible? ¿Sabrás cuándo lo has conseguido? Concreto significa que tu objetivo existe en el mundo real. Vietnam, Tailandia y todos los demás países que he enumerado son lugares reales y físicos. Una vez que esté allí, no tendré ninguna duda de que he alcanzado mi objetivo.

3. **Específico**: Similar a concreto, pero ligeramente diferente. Un objetivo específico es exacto. Es importante que tu objetivo sea tanto específico como concreto, porque a veces un objetivo concreto no es muy

específico. Por ejemplo, "viajar al extranjero" es en realidad algo concreto. No tendrás ninguna duda de que has cruzado la frontera de los EE.UU. (o de donde sea que vivas). Pero no es exacto. ¿Dónde quieres viajar al extranjero exactamente? China, Australia y Tailandia son muy específicos. Y en realidad podrías ser aún más específico: nombrando lugares exactos de cada país que desees visitar. Por ejemplo, la Gran Muralla China, el Gran Palacio de Bangkok o las Islas Whitsunday en Australia.

4. **Bajo tu control**: ¿Puedes emprender acciones para lograr tu objetivo? Ganar 6.000 dólares es posible, ya que podría controlar la cantidad de dinero que ahorro. No sería fácil, pero podría reducir mis gastos, o trabajar más horas para aumentar mis ingresos.

Si tu meta se ajusta a todo lo anterior, entonces está lo suficientemente definida como para cumplirla. Antes de continuar, veamos un ejemplo más... digamos que tu objetivo es comer más sano, lo cual es un ejemplo perfecto de un objetivo poco claro.

¿Se puede medir? Desde luego que no. No hay un plazo ni un criterio para comer más sano que te indique si has tenido éxito o has fracasado.

¿Es concreto? Nuevamente, no. "Comer más sano" es abstracto; no sabes lo que significa en términos mundanos.

¿Es específico? Si no es concreto, probablemente no sea específico. Así que define exactamente lo que significa "comer más sano". Tal vez signifique comer hasta el 80% de saciedad, o comer cuatro raciones de verdura al día.

¿Está bajo tu control? Comer más sano no está bajo tu control porque no tienes definidos los pasos que necesitas para conseguirlo. No sabes "cómo" comer más sano porque no está definido.

En mi caso, una vez dije que iba a dejar el alcohol y los carbohidratos durante cinco meses. Pero, como sabrás, los carbohidratos están en todo (las frutas y las verduras se consideran en realidad carbohidratos). Así que, ¿cómo podía ser más específico y concreto? Nombré el tipo exacto de carbohidrato y cambié mi objetivo a "dejar el alcohol y el pan durante cinco meses". Ahora tenía un objetivo concreto y específico que era cuantificable (sabría fácilmente si lo había conseguido en cinco meses) y que estaba bajo mi control (los pasos para conseguirlo eran evitar todo el alcohol y el pan).

Entonces, ¿cómo será tu cambio de hábitos? Las cuatro cualidades anteriores definen el **resultado final** y los **pasos para llegar a él**. Te proporcionan una visión, un objetivo en el que centrarte, para que puedas lograr cualquier cosa que desees.

Ahora volvamos a la historia del viaje. Con el objetivo ya definido, el siguiente paso era averiguar cómo iba a trasladarme al sudeste asiático durante al menos cinco meses. Así que hice algo que muchos estadounidenses considerarían impensable. Me instalé en el comedor... sí, el lugar donde las familias se reúnen para comer.

Aunque resultó un poco embarazoso, de alguna manera conseguí tener dos novias diferentes durante ese periodo, y curiosamente aceptaron el hecho de que viviera en el salón de la casa... pero estoy divagando. Por suerte, el comedor al que me mudé estaba vacío, ya que la vivienda estaba ocupada por un grupo de tíos (que también son mis amigos más cercanos).

Por supuesto, solo existe una razón por la que alguien consideraría vivir en un comedor: la de reducir los costes. Al hacer este movimiento un tanto absurdo, reduje efectivamente mi alquiler de 475 dólares al mes a 200 dólares. Pero eso no es todo.

Aquí tenemos una dosis de sabiduría esencial para cambiar hábitos.

Lección 2: Recuérdate a diario el objetivo de tu hábito

La incomodidad del comedor era el recordatorio perfecto de mi meta. No tenía puerta. En su lugar, mi habitación constaba de tres paredes y mucho ruido procedente del cuarto de estar adyacente. Aquellas condiciones de vida me recordaban a diario el hábito oculto que estaba transformando, uno del que quizá no siempre era consciente: gastar menos dinero.

Cada vez que entraba en mi habitación sin puerta, cada noche cuando me aislaba el ruido con tapones para los oídos, cada segundo que me sentaba en la cama y veía los suelos de baldosas o escuchaba el ruido de los platos en la cocina, me recordaba que tenía que ahorrar dinero. Sabía que, si quería llegar a las playas, templos y fiestas de Asia, tenía que pasar por el comedor. Y para mí, este espacio era exactamente lo contrario de lo que imaginaba que sería Asia. Era una trampa. Una jaula. Pero en Asia... tendría libertad. Podría viajar donde quisiera, experimentar cosas nuevas cada día y vivir como un rey con 1.000 dólares al mes.

El comedor era un recordatorio constante de lo que me faltaba. Y sabía que, si no cambiaba mi hábito y ahorraba regularmente, me quedaría atrapado en una habitación sin puertas durante Dios sabe cuánto tiempo. Así pues, ¿cómo puedes aplicar esta lección?

No estoy diciendo que llegues al extremo de vivir en un comedor durante un año para poder ahorrar. En lugar de eso, basta con disponer de algo que te recuerde que debes trabajar tu hábito. Puede ser un simple cartel gigante en la puerta de tu salón en el que se lea: "Haz ejercicio, tío". Puedes añadir una notificación en el teléfono móvil que te indique que debes dejar de fumar. Elijas lo que elijas, un recordatorio facilitará el cambio. Y, si ese recordatorio es algo doloroso, como mi mudanza del comedor, tus probabilidades de éxito aumentan exponencialmente.

Aquí estoy yo, por fin pude escapar del comedor y visitar la Gran Muralla China en 2011.

Aunque un recordatorio puede servir para centrarse en el cambio, existe otra lección aún más importante.

Lección 3: Prioriza tus objetivos y hábitos

En la *Guía para la meditación, escrita por un tipo normal* trato el tema de la priorización casi al final del libro. Sin embargo, es tan importante que merece un debate más extenso. El proceso de priorización que voy a explicar ha cambiado mi vida de innumerables maneras. No estarías leyendo este libro (ya que no existiría) si no fuera por el método que voy a enseñarte. Para cambiar un hábito difícil, debes darle prioridad. Pero, ¿qué significa eso?

Cuando me mudé al comedor, di más importancia a mi objetivo de viajar al extranjero que a cualquier otra cosa. Dediqué mi vida a desarrollar los nuevos hábitos de ahorrar dinero y planificar un viaje al extranjero, los cuales practicaba semanalmente.

Cómo priorizar de forma efectiva

Solía creer que sabía cómo priorizar. Pero no lo "capté" del todo hasta que leí el libro *¡Tráguese ese sapo!*, de Brian Tracy, en el cual el autor explica el método de priorización ABC. El sistema es bastante sencillo, y lo utilizo cada semana cuando planifico mi agenda. Así es como funciona.

Al comienzo de la semana (normalmente el domingo en mi caso), escribo todo lo que quiero lograr en los próximos siete días.

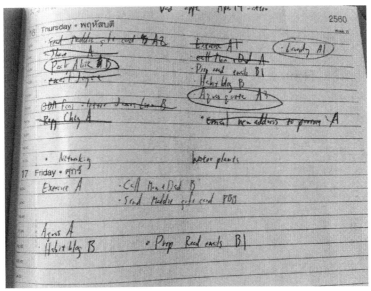

Una muestra de este método en acción, extraída de una página de mi agenda semanal de 2017. Disculpa el desorden en la escritura.

Cada tarea está etiquetada con una letra A, B o C, las cuales clasifican la importancia de la tarea.

- A es una tarea de máxima prioridad.
- B es importante, pero no es el fin del mundo si no la terminas.
- C no supone un problema importante si no la completas.

Los números 1, 2 y 3 que aparecen junto a cada letra señalan la importancia y el orden en el que debes completar la tarea. La "A" es la más importante y debe realizarse en primer lugar. A1 es la segunda más importante y debe efectuarse a continuación, y así sucesivamente. Sin embargo, verás que en mi agenda no hay tareas C. Normalmente no me molesto en hacerlas, pero Tracy las recomienda de todos modos.

Depende de ti decidir qué tareas son las más importantes (pista: tu nuevo hábito debe ser una tarea A). Una vez que lo hayas determinado, programarás primero tus tareas A en tu planificador o calendario, y luego añadirás las tareas B y C cuando tengas tiempo disponible. Básicamente, planificas toda la semana en torno a tus tareas A.

Ten cuidado con la cantidad de tareas A que programes

Todo el mundo dispone de una cantidad limitada de tiempo por día, semana, mes o año. Solo puedes acometer un número limitado de tareas. Por ello, te recomiendo que vigiles cuántas tareas A asumes.

Por ejemplo, supongamos que quieres implantar los siguientes cuatro hábitos en los próximos tres meses:

- Escribir en el blog dos veces por semana
- Leer un libro al mes

- Hacer ejercicio tres veces a la semana
- Asistir a clases de tango semanalmente

Esto es un fracaso seguro. Casi cualquier tipo normal, incluido yo, no sería capaz de conseguir todos estos hábitos en un periodo de tres meses. Son demasiados cambios en un plazo demasiado corto. Así que el principio a tener en cuenta en este caso es:

Cuantas más tareas A tengas que realizar, menos probable será que las completes.

Por tanto, es preciso que elijas acertadamente. Integrar estas cuatro tareas A en una semana es casi imposible, pues la mayoría de nosotros no disponemos del tiempo necesario para ello. Es probable que tengas un trabajo, tal vez una familia, y seguramente disfrutes un poco de la vida saliendo con tus amigos. Si intentas incorporar todos estos hábitos con tanta celeridad, tendrías que quitarle prioridad a otra cosa. Lo que nos lleva a otro principio clave...

Cuando introduces algo, debes sacar algo.

No dispones de una cantidad infinita de tiempo y energía. Nadie tiene esa suerte. Lo que significa que no puedes añadir constantemente tareas a tu agenda sin que esta se sobrecargue y acabe siendo inabarcable. Con esta idea en mente, piensa en lo que vas a eliminar de tu planificación para dar cabida a tu nuevo hábito.

Si quieres hacer ejercicio tres veces a la semana durante una hora en cada sesión, ¿de dónde vas a sacar esas tres horas? ¿A qué vas a renunciar? Quizá a una hora de televisión por la noche. Tal vez a beber cerveza con tus amigos. Sea lo que sea, medítalo previamente. Esto evitará que más tarde te sorprenda la falta de tiempo y te preguntes por qué estás excesivamente ocupado. Si decides lo que vas a sacar antes de empezar, evitarás que esa falta de tiempo provoque el fracaso del hábito.

Si tienes demasiadas tareas A, ¿cómo las seleccionas?

Supongamos que te encuentras en un aprieto. Tienes 20 tareas A pendientes de completar esta semana y no estás seguro de cuáles priorizar. Por supuesto, algunas de tus tareas A no son negociables: tienes que completarlas. Por ejemplo, una cita con el médico podría ser una de ellas, al igual que presentar la declaración de la renta. ¿Tienes hijos? Bueno, cuidar de esos pequeños bichos será sin duda una tarea A. Pero, ¿qué ocurre cuando tienes un conflicto de tareas A que no son obligatorias, pero que quieres completar? ¿Qué sucede en ese caso?

Me encuentro con este mismo problema al menos una vez al mes. Y lo resuelvo haciendo una simple pregunta...

"¿Qué tarea tendrá un mayor impacto en mi vida?"

Esperemos que sea tu nuevo hábito. Y, sinceramente, si no lo es, quizá quieras dejarlo para más adelante. En cualquier caso, esta sencilla pregunta puede hacer que tu mente se centre en las cosas importantes cuando cientos de tareas, personas y distracciones diferentes reclaman tu atención.

Una vez que decidas en qué tareas y hábitos te vas a centrar, ¿cómo puedes asegurarte el éxito? Todo comienza con la elaboración de una planificación.

Planifica tus hábitos

Cuando se empieza a desarrollar un nuevo hábito, he comprobado que programarlo en tu agenda (como se muestra en la imagen anterior) es una de las formas más eficaces de garantizar que se realice. Una vez que el hábito se ha convertido en algo natural y lo llevas a cabo en piloto automático, no siempre es necesario programarlo como una tarea A, B o C.

Hoy en día ya no planifico el ejercicio como una tarea A, aunque sí lo apunto sin letra en mi agenda, solo para tener en cuenta qué días de la semana debo hacer ejercicio. La verdad es que, para lograr el cambio de hábito, solo necesitas plantearte deliberadamente realizarlo. La forma más sencilla es **escribirlo**.

No importa si lo anotas en un calendario, en tu agenda o en un listado de tareas pendientes. Basta con que lo escribas en un lugar que consultes con regularidad. Suena ridículo y demasiado simple, pero es una auténtica locura el incremento que supone en el porcentaje de éxito. He hablado con otras personas sobre este asunto y he comprobado personalmente el efecto mágico que produce. Siempre que escribo algo, el 95% de las veces completo la tarea.

Aunque escribir un hábito es estupendo, hay algo más que puedes hacer para aumentar las probabilidades de triunfar. Escribe **exactamente cuándo y dónde** vas a realizar tu nuevo hábito. ¿Va a ser a las 8:35 de la mañana en tu habitación? ¿Justo antes de comer, a las 11 de la mañana, vas a ir a la piscina de tu apartamento a darte un baño? Fíjate en la precisión de estos ejemplos.

Entonces, ¿por qué es importante dejar claros los detalles? En el excelente libro *Cambia el chip* de los hermanos Heath, se denomina a esta técnica "desencadenante de acción". Los autores describen cómo los activadores de acciones preparan una decisión para que no tengas que pensar en ella. Los hombres somos criaturas visuales, y el desencadenante de una acción ofrece una imagen de dónde y cuándo vas a realizar una actividad. Es mucho más difícil olvidar algo cuando lo visualizas.

De nuevo, ten claro cuándo y dónde vas a completar tu hábito. Luego anótalo en tu calendario y avanza con él según lo programado.

El puñetazo uno-dos: Anotar una tarea, seguido de un uppercut desencadenante de acción

Cuando se trata de cambiar de hábitos, combinar los desencadenantes de acción con la anotación de una tarea es una poderosa herramienta a considerar. Permíteme citar un ejemplo ocurrido en el verano de 2017, durante un periodo excepcionalmente ajetreado de mi vida en el que asistía a clases semanales de salsa, trataba de incorporar tres nuevos hábitos a mi rutina diaria, planeaba un viaje a Malasia y trabajaba en mi jornada laboral, entre otras tareas.

Una noche, durante la cena, mi novia me preguntó si estaba libre el miércoles por la noche. Hice una breve pausa y dije: "Sí, ¿qué quieres hacer?".

Se sorprendió y preguntó: "¿Cómo sabes que estás libre sin consultarlo?".

No voy a mentir, mi memoria no es precisamente brillante, y por eso se sorprendió un poco por la rapidez de mi respuesta. Pero ahora sé que esa celeridad en la contestación se produjo porque tenía la agenda grabada en mi cabeza. ¿Por qué?

Como ya he señalado, todos los domingos dedico una hora a planificar la semana, anotando todas las tareas importantes, citas, cenas, fiestas, etc. Normalmente, programo las actividades nocturnas en el calendario para que tengan lugar inmediatamente después del trabajo. En este caso, el desencadenante de la acción no está ligado a una hora concreta del día, sino a un acontecimiento: abandonar la oficina. Cuando salgo del ascensor y me dirijo a la calle, ese es el desencadenante de la acción que me lleva al evento posterior a la jornada laboral. Al anotar esta reunión en mi agenda y pensar en el desencadenante de la acción, en este caso salir del trabajo, estoy implantando esa tarea en mi cabeza.

La estrategia de anotar las horas, los eventos y los lugares exactos para llevar a cabo algo es tan eficaz que podrías preguntarme qué tengo que hacer cada tarde de una semana cualquiera, y podría responderte de memoria en cuestión de segundos. Esto se debe a que cuando escribes lo que vas a hacer en un momento determinado, creas automáticamente un desencadenante de acción que se queda grabado en tu cerebro.

Reflexiones finales sobre la relación entre objetivos y cambio de hábitos

Todo lo que has leído en este capítulo hasta ahora (objetivos claros, recordatorios, priorización y desencadenantes de acción) coincide con el papel principal que desempeñan los objetivos en el cambio de hábitos: te proporcionan una meta a la que aspirar.

En el primer capítulo, mencioné a algunos supertipos (Walt Disney, Stephen King y Thomas Edison) que lograron cosas impresionantes. Sin duda, estos visionarios tenían objetivos claros que les ayudaron a triunfar. Pero, ¿fueron los objetivos la única razón de sus logros?

Una cosa que tienen en común estos personajes extraordinarios es la pasión. La pasión es el combustible que hace posible alcanzar grandes metas. Cuando amas lo que haces, cuando amas el proceso, puedes superar fracasos reiterados. Pero, ¿puede la pasión ayudar en el caso de los hábitos?

Bueno, como ya se mencionó en la introducción, el proceso de cambiar los hábitos es bastante aburrido. Mientras que a Disney le encantaba animar a Mickey Mouse, a la mayoría de los tíos que intentan perder peso no les apasiona comer menos pizza. En otras palabras, la pasión en realidad no ayuda cuando se trata transformar hábitos. Y si no puede motivarte, ¿qué puede hacerlo? ¿Cómo puedes aumentar tus probabilidades de éxito?

En el mercado se pueden encontrar muchos libros que hablan de encontrar tu propósito, tu *razón de ser*. Y aunque algunos de estos libros parezcan carecer de sustancia, identificar tu *propósito* es extremadamente importante para alcanzar cualquier objetivo o cambio de hábito de gran magnitud.

Pero, ¿qué es un *propósito*?

Es tu recompensa más evidente: cuando consigues tu objetivo, ¿qué ganas exactamente? Ya traté este tema brevemente en la primera lección de este capítulo. Para mi viaje como mochilero, mi *propósito* se basaba en la libertad, los viajes y las nuevas experiencias. Cuando dejé de consumir pan y alcohol durante cinco meses, mi *propósito* era sanar mis pies y seguir adelante con mi vida.

¿Empiezas a ver la importancia de conocer tu *propósito*?

Cuando tienes un mal día, cuando fracasas, cuando te sientes derrotado... en los días en los que te cuestionas cuál es la finalidad de todo esto... cuando tienes ganas de abandonar tus sueños o tu hábito... tu *propósito* es lo que te hace continuar. Te motiva para levantar la cabeza, sacudirte el polvo y seguir adelante.

Mientras que tu objetivo es la meta, tu *propósito* es la recompensa por ganar. Es la fuerza motivadora que te hace seguir adelante.

En el primer capítulo señalé que "la visión limitada y la solución fácil" constituyen un obstáculo importante a la hora de adquirir hábitos. Sin embargo, tu *propósito* es el remedio. Así que me gustaría compartir contigo una estrategia que utilizo cuando la vida me golpea en la cara. Cuando sufras un revés importante, quiero que te pares un minuto, tomes asiento y pronuncies las dos palabras siguientes: visión global. Una vez que lo hagas, recuerda tu objetivo claramente definido. Visualiza tu recompensa y acuérdate de que persigues algo más grande.

En lugar de acordarte de la pizza que no te puedes comer, piensa en lo increíble que te sentirás cuando pierdas 9 kilos. Concéntrate en las chicas o en los galanes que querrán meterse en tu cama cuando estés más delgado y en forma.

Al diablo con el proceso. Piensa en la recompensa.

La **estrategia de la visión global** me ha ayudado a seguir adelante en un mal día en incontables ocasiones. Simplemente repite esas dos palabras, acuérdate de tu objetivo a largo plazo y luego imagina tu recompensa.

Todos los obstáculos son contratiempos temporales

En 2017 leí *La tienda de los sueños* de Brad Stone, que cuenta la verdadera historia de cómo Jeff Bezos construyó el gigante online Amazon. Del libro extraje una sencilla lección que hizo que su lectura mereciera la pena.

Probablemente ya sabes que Amazon es una de las mayores empresas del mundo. Pero no siempre fue así. La empresa surgió de forma similar a otras muchas historias de éxito empresarial: empezó en un garaje, se trasladó a un almacén de mala muerte y fue mejorando poco a poco año tras año.

Sin embargo, lo que mucha gente no sabe es que Amazon no fue rentable durante casi una década. De hecho, algunos de los servicios más populares de esta empresa han supuesto un coste enorme. Por ejemplo, en una ocasión, un analista de Forrester estimó que Amazon perdía 1.000 millones de dólares al año en gastos de envío relacionados con la suscripción Prime. Sin embargo, Bezos creía en el servicio. Sabía, y sigue sabiendo, que Prime es un mecanismo para fomentar la fidelidad de los clientes, y no está dispuesto a sacrificar los beneficios a largo plazo por obtener ganancias a corto plazo.

Prime es un ejemplo excelente sobre el compromiso de Bezos con una visión a largo plazo. Aunque Amazon empezó como una librería online, siempre la imaginó mucho más grande: una tienda en la que podías comprar todo por internet a bajo precio y con un envío rápido. Bezos sabía que si conseguía aumentar la fidelidad de los clientes ofreciéndoles productos económicos que les gustaran, podría acabar creando un imperio. Entonces, ¿qué lección se extrae de todo esto?

En un periodo lo suficientemente extenso, todo es posible.

Cuando se tiene una visión amplia, cuando se contempla el escenario completo, todos los obstáculos se pueden percibir como contratiempos temporales. Al leer *La tienda de los sueños*, se hace evidente que considerar las contrariedades como algo temporal es una filosofía que guía a Amazon. Cuando Prime estuvo perdiendo dinero durante años, fue solo un tropiezo pasajero. Cuando el teléfono Fire fracasó y se perdieron 170 millones de dólares, también fue un inconveniente transitorio. A corto plazo, ambos obstáculos podrían parecer una catástrofe. Pero cuando se examinan desde una perspectiva a largo plazo, podrían interpretarse como un pequeño bache en el largo camino hacia la consecución de grandes cosas. ¿Cómo puedes aplicarte esto?

Cuando te saltes la dieta, dejes un día de hacer ejercicio, sucumbas al encanto de un cigarrillo, o cuando las cosas no salgan como habías planeado, no pierdas de vista la proyección a largo plazo. Ten en cuenta que los días malos, las frustraciones e incluso los grandes fracasos son solo contratiempos temporales: baches en el camino hacia tu meta. Pero eso solo es cierto si te levantas y sigues avanzando. Así que no te rindas. Combina tu visión general con la sustancia: objetivos claros, recordatorios, priorización y desencadenantes de acción, y ya tienes los trampolines para lograr cualquier cosa que desees.

Por supuesto, aún hay más. En el próximo capítulo, vamos a entrar más en el meollo del cambio de hábitos, y aprenderemos estrategias específicas que puedes utilizar para conquistar ese hábito que persigues.

Capítulo 4

Tácticas para dominar el cambio de hábitos

En capítulos anteriores hemos abordado diversas estrategias para modificar los hábitos: compromiso extremo, desencadenantes de acción, priorización y alteración del entorno, entre otras. En este capítulo vamos a profundizar en una serie de tácticas que pueden servir de complemento a lo que ya has aprendido, empezando por una estrategia de eficacia probada que a mí me ha funcionado de maravilla.

¿Cuál es el momento propicio para adquirir un hábito?

Para muchos autores y expertos en el tema de los hábitos, la mañana se considera el momento óptimo para desarrollarlos. Y con razón. A esa hora no hay distracciones. Pero es posible que no seas un tipo mañanero (yo tampoco), así que es sumamente tentador dejar el hábito para la noche. ¿Qué ocurre entonces?

Existe la posibilidad de que una actividad inesperada (unas copas con los amigos, una reunión importante, el sueño o el cansancio) impida el cumplimiento de tu hábito. En *Guía para la meditación, escrita por un tipo normal* describo cómo estos obstáculos evitaron que se consolidara la costumbre de meditar todos los días. ¿Cómo los superé? Solo tuve que pasar la meditación a la mañana, y el problema se solucionó de inmediato. Por fin pude mantener la costumbre de meditar todos los días.

Tú puedes lograr el mismo resultado si comienzas un hábito por la mañana. En ese momento es menos probable que una llamada del bar, de tus amigos o el propio sueño, te tienten para que te saltes dicho hábito. Tienes pleno control sobre tus mañanas.

Dicho esto, otra forma de asegurarte el éxito es agrupar los hábitos. Por ejemplo, si ya tienes el hábito de meditar, desayunar y luego lavarte los dientes, añade otro a esta secuencia. Este proceso suele denominarse **apilamiento de hábitos**, y hay libros enteros escritos sobre esta técnica. La filosofía subyacente es que tus costumbres cotidianas forman una red eficiente de neuronas interconectadas en tu cerebro. Así que, cuando añades un nuevo hábito a esta red, se adhiere con mucha más facilidad. Utilicemos una analogía para ilustrar el concepto...

Imagina que quieres abrir una tienda de camisetas. Si decides montarla en un centro comercial en el que ya existen muchos negocios rentables y consolidados, es más probable que te alimentes del éxito de las otras tiendas. El centro comercial es la red, y tú simplemente añades tu tienda a un sistema ya probado. En cambio, si abres en medio de la nada, sin negocios alrededor, ¿cómo vas a atraer a los clientes? Pues tendrás que empezar de cero porque no tienes una red. Esto te llevará más tiempo y esfuerzo, pues tendrás que descubrirlo todo por ti mismo. Lo mismo ocurre con los hábitos.

He utilizado con éxito el apilamiento de hábitos al integrar dos nuevas rutinas en mi horario: hacer la cama y hacer ejercicio. Mi secuencia es la siguiente: meditar > hacer la cama > hacer ejercicio > desayunar > usar el hilo dental.

Los hábitos de meditación, desayuno y uso del hilo dental ya estaban bien arraigados. Así que simplemente incorporé dos nuevos, lo que me facilitó iniciar y mantener mis hábitos de hacer la cama y de hacer ejercicio.

Experimenta, experimenta, experimenta

Como se ha mencionado anteriormente, experimentar es la clave para lograr el cambio de hábitos. Unas semanas después de empezar con tu nueva costumbre, tómate un tiempo para reflexionar, estudiar lo que funciona y lo que no, y luego haz ajustes. Si fracasas, no te castigues. En su lugar, considera el proceso como un ejercicio de ensayo y error. Analiza por qué has fallado y prueba una táctica alternativa la semana siguiente. Todos los domingos reflexiono sobre los éxitos y los fracasos cuando planifico la semana entrante. Si un nuevo cambio de hábito ha fallado, me pregunto: "¿Cuál fue la razón?".

Al examinar tus propios errores y aciertos, puedes aprender las estrategias más eficaces y mejorar tus probabilidades de conseguir un cambio de hábitos duradero.

Aquí tienes un proceso similar que puedes seguir:

1. Elige una hora y un día para reflexionar sobre tus hábitos.
2. En ese momento, pregúntate: "¿Qué ha provocado el fracaso?".

3. Formula una hipótesis con respecto a una táctica alternativa para lograr el éxito.
4. Prueba esa nueva estrategia a la semana siguiente.

Repite este proceso todas las semanas mientras buscas un patrón que funcione.

Esta forma de experimentar te permite estudiar tu vida como si fueras un científico. Y como tal, existe un elemento de información básico que necesitarás para medir el grado de éxito: los datos. ¿De dónde sacas los datos? Te recomiendo que hagas un seguimiento de tus hábitos en una hoja de cálculo.

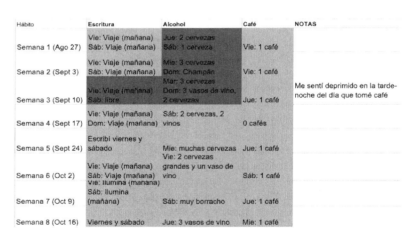

Puede que recuerdes una versión de la hoja anterior que aparece en el capítulo 2. La creé en octubre de 2017 cuando intenté con éxito cambiar tres hábitos a la vez. Aquí tienes una explicación del contenido de la hoja, empezando por los dos colores[3] que utilicé para documentar mis éxitos y fracasos:

- Rojo: fracaso. No he conseguido mi objetivo.
- Verde: ¡éxito! ¡Espectacular!

Bastante sencillo, ¿verdad? Como puedes ver, apunté el número de bebidas que tomé y el tipo de contenido que escribí. En esta imagen ampliada también verás una columna para tomar notas. Aunque solo lo hice una vez, puedes utilizar estas casillas para averiguar si existe una correlación entre tus sentimientos y un nuevo hábito. Por ejemplo, me pareció que el café podía tener algo que ver con un sentimiento depresivo que experimenté esa tarde. Pero parece ser que fue algo puntual, así que no parecía existir una correlación directa. ¿Cómo puedes utilizar este método?

No tiene por qué ser tan complicado como se muestra en la hoja de cálculo anterior. También puedes hacer el seguimiento de un único hábito, tal y como expongo a continuación.

Ejercicios de espalda: Mayo 21 - Julio 8
3 veces a la semana.

Hábito	**Ejercicio de espalda**
Semana 1 (Mayo 21)	3 veces
Semana 2 (Mayo 28)	3 veces
Semana 3 (Junio 4)	3 veces
Semana 4 (Junio 11)	3 veces
Semana 5 (Junio 18)	3 veces
Semana 6 (Junio 25)	3 veces
Semana 7 (Julio 2)	3 veces

Lo anterior es un hábito temporal que registré desde mayo hasta julio de 2018. Mi objetivo era fortalecer mi espalda ejercitando los músculos de la misma tres veces por semana. La simplicidad de estos datos es evidente. Todos los domingos anotaba en mi agenda los días en los que ejercitaría la espalda, y el domingo siguiente apuntaba en la hoja de cálculo cuántas veces lo había cumplido. Como puedes ver, tuve una tasa de éxito del 100%.

¿Cómo puede ayudarte una hoja de cálculo? Además de servir como soporte para el registro de datos, la planilla me ayudó a mantenerme centrado durante una etapa muy ajetreada de mi vida. La concentración es la salsa secreta del seguimiento mediante hojas de cálculo. Este método utiliza dos tácticas descritas en el capítulo anterior, las cuales te ayudan a no perder de vista tu objetivo. En primer lugar, una planilla actúa como **recordatorio** para que completes tu hábito y, en segundo lugar, **lo escribes**.

Aunque realizar un seguimiento es muy útil, siempre existe la posibilidad de que un obstáculo imprevisto arruine todo el proceso. Si eso ocurre, ¿cómo te preparas para ello?

Tu obstáculo oculto

La mitad de la batalla para vencer en el juego del cambio de hábitos consiste en comprender tu principal obstáculo. Si no sabes por qué fracasas continuamente en un hábito concreto, es probable que haya algo que desconoces y que te impide tener éxito.

- ¿Por qué cada vez que intentas dejar de fumar, acabas con un cigarrillo en la boca en la puerta del bar?
- ¿Por qué cada vez que intentas seguir una rutina de ejercicios, acabas sintiéndote demasiado agotado como para ir al gimnasio?
- ¿Por qué cada vez que intentas ahorrar dinero, acabas malgastando lo que has ahorrado en una compra?

Hay una razón. La cuestión es: ¿cuál es la tuya?

Conoce tu kriptonita

La kriptonita es exactamente lo que parece. Es tu única debilidad. El único obstáculo que sabotea tus posibilidades de éxito con respecto a los hábitos.

No todos los hábitos son vulnerables a la kriptonita, pero los más difíciles casi siempre lo son. De los ocho hábitos que cambié en 2017, y de otro puñado consolidados en años anteriores, los tres más problemáticos eran susceptibles al famoso elemento fantástico del planeta Krypton. Estos hábitos eran empezar una rutina de ejercicio semanal, practicar la meditación todos los días y reducir mi consumo de café a una taza a la semana. Dicho esto, no fui consciente de la existencia de la kriptonita de los hábitos hasta 2017, cuando finalmente conquisté uno con el que había estado batallando durante más de media década...

El ejercicio regular se me escapaba. Por muchos intentos que hiciera, la costumbre no me duraba más de cuatro meses, aproximadamente. Pero en diciembre de 2016, estaba decidido a poner fin a las continuas derrotas. Mi objetivo era hacer ejercicio de dos a cuatro veces por semana durante todo el año siguiente. Lo conseguí. Y a mediados de 2017, después de muchos fracasos casi totales en los seis meses anteriores, reflexioné sobre los casos en los que casi abandoné el hábito. Rápidamente surgió un obstáculo oculto.

La enfermedad. Probablemente debido al caos de la primera mitad de 2017 y a la temida temporada de calor de Bangkok, enfermé tres veces durante ese periodo. En casi todas las ocasiones estuve a punto de abandonar mi hábito. Pero me obligué a continuar. Una vez que reconocí este patrón, repasé todos los momentos en los que mi rutina de hábitos se había derrumbado en la última media década. Siempre se repetía el mismo fenómeno. Cada vez que lo dejaba, estaba enfermo.

El descubrimiento de este patrón fue toda una revelación para mí. Ahora que era consciente de ello, podía hallar la manera de sortear el obstáculo. Así que ideé un plan. Cada vez que enfermara, alteraría mi rutina de ejercicios. En lugar de continuar normalmente, reduciría el tiempo y el esfuerzo dedicado al ejercicio. Por ejemplo, ahora, cuando enfermo, me ejercito lo menos posible. No lo practico más de dos veces a la semana, y reduzco el tiempo de natación de 30 minutos a 10-15 minutos. Otras veces no nado en absoluto. Simplemente hago algunos saltos, flexiones y/o estiramientos.

Lo sorprendente es que mantener el hábito (incluso moderadamente) ayuda a conservarlo. Cuando enfermé en 2016 y en años anteriores, dejé de hacer ejercicio por completo. Y cuando me recuperé, me había olvidado totalmente de la rutina. En la actualidad, no me olvido. Mantengo los engranajes en movimiento, incluso cuando estoy enfermo, y el patrón continúa fácilmente en su forma completa una vez que me he recuperado.

En cuanto a la meditación, mi kriptonita eran "las actividades nocturnas inesperadas". A día de hoy, mi horario favorito para practicar la meditación se sitúa entre las 18:00 y las 19:00 horas, después del trabajo. Me encanta la sensación. Es una forma estupenda de desconectar... algo así como una ducha. Limpia la suciedad del día, el equipaje emocional y las irritaciones.

Cuando meditaba entre las 18:00 y las 19:00 horas, no me costaba mantener el hábito cinco días a la semana. El problema era que cinco días a la semana no era suficiente: quería meditar todos los días. Pero no podía superar el obstáculo. Algo me retenía. Y cuando empecé a reflexionar, el obstáculo quedó claro.

Todas las semanas me surgían actividades inesperadas en la agenda. A veces eran copas con amigos. Otras, un evento de networking. En cualquier caso, al terminar el trabajo me iba directamente a la cita, lo que significaba que me perdía la meditación nocturna. Y si había alcohol de por medio (lo que ocurría a menudo), no había forma de recuperar esa meditación más tarde. Así que finalmente comprendí en qué consistía mi problema: los imprevistos eran mi kriptonita. Eran la única razón por la que no meditaba todos los días.

Cuando me di cuenta de ello, decidí meditar a primera hora de la mañana. Y desde entonces, todo ha ido sobre ruedas. Llevo más de cuatro años haciéndolo todos los días. Solo me la salto si tengo que levantarme muy temprano (antes de las 6 de la mañana) o si estoy de vacaciones.

En cuanto a mi hábito con el café, la kriptonita era una bestia completamente diferente, lo que plantea un punto interesante.

La kriptonita adopta todo tipo de formas y colores

Para poner en marcha de forma eficaz un hábito complicado tienes que comprender la **raíz** del fracaso. Para mí fue el tiempo (para la meditación) y la enfermedad (para el ejercicio). Pero el café... el café me dejó desconcertado. Se trataba de algo mucho más primario que meditar o hacer ejercicio. Es más, esta vez no estaba tratando de iniciar un hábito, sino de dejarlo.

No me di cuenta inmediatamente de lo que me estaba provocando las dificultades que sufría. Por supuesto, sabía que la cafeína es adictiva. Pero no pensé que eso tuviera nada que ver con la razón por la que no podía reducir mi consumo de café[4]. Lo único que tenía claro es que necesitaba imperiosamente beber café. Por suerte, descubrí *El poder de los hábitos*, de Charles Duhigg, justo en el momento adecuado: en pleno cambio de hábitos.

El libro de Duhigg es increíblemente útil. Señala que, para dejar un mal hábito, a menudo es necesario reemplazarlo por otra cosa. En cuanto lo leí, comprendí la kriptonita de mi adicción al café: necesitaba beber otra cosa. Inmediatamente lo empecé a sustituir por batidos de mango, zumo de aloe vera, té de crisantemo y otras bebidas, y me resultó mucho más fácil pasar las mañanas sin café.

Bueno, ahí lo tienes: tres formas diferentes de kriptonita. Pero no te engañes, no solo se limita a los ejemplos anteriores. Tus amigos, colegas y conocidos también pueden ser kriptonita. Como comentaré más adelante en este libro, las personas con las que te relacionas pueden tener una gran influencia en tus hábitos.

Dicho esto, la lista de tipos de kriptonita puede continuar indefinidamente. El truco está en averiguar cuál es la tuya.

¿Cuál es tu kriptonita?

El primer paso para vencer a tu kriptonita es saber cuál es. Así que permite que esta pregunta sea tu guía... "¿Qué es lo que hace que mi hábito fracase?"

Busca patrones. Puede que tengas que fallar varias veces y experimentar con diferentes soluciones antes de que aparezca tu punto débil. Pero una vez que lo descubras, será el momento de atacar. O, en otras palabras, de elaborar un plan.

En general, el plan es increíblemente sencillo. Como ya he señalado, en el caso de la meditación, mi kriptonita eran los acontecimientos que ocurrían después del trabajo y que me hacían perder la práctica. Una vez que identifiqué el patrón problemático, el plan fue fácil: meditar a una hora en la que ningún suceso inesperado pudiera interrumpir mi actividad, o sea, a primera hora de la mañana.

Cuando reduje mi consumo de alcohol a dos noches de borrachera a la semana, descubrí que era susceptible a la misma kriptonita que el café. Necesitaba otra cosa para beber. Una vez identificado el problema de la sustitución, ideé un plan similar al que tenía para el café y bebí agua con gas en lugar de cerveza.

Probablemente estarás percibiendo ya una idea. La kriptonita se vence en dos pasos:

1. Identifica la kriptonita
2. Planifica cómo maniobrar para evitarla

Es así de sencillo. Pregúntate qué es lo que te hace fallar. Luego, una vez que identifiques el obstáculo principal, planifica una estrategia para evitar el fracaso.

Poco a poco

Tienes un plan, conoces tus prioridades, ¿y ahora qué? El último paso de este proceso es actuar. Y eso empieza por dar un pequeño paso cada vez. Por ejemplo, si quieres empezar una rutina de ejercicios, no hace falta que te lances a practicar seis días a la semana desde el principio. Eso puede ser extenuante. Así que empieza poco a poco y procura ejercitarte uno o dos días a la semana, y luego ve aumentando. Una vez que te hayas acostumbrado, aumenta la cantidad a tres, cuatro, cinco y luego seis.

Con la meditación, recomiendo siempre empezar poco a poco. Si te lanzas a una sesión de 20 minutos nada más empezar, es probable que te sientas agobiado. Puede dejarte tan mal sabor de boca que renuncies a la meditación para siempre. Así que empieza con un minuto, luego dos, cinco, diez y así sucesivamente. Desarrolla tu confianza con esas pequeñas victorias, y luego ve subiendo poco a poco hasta llegar a tu tiempo ideal.

¿Sigues teniendo problemas con tu hábito? Cuando todo lo demás falla, busca un modelo

Si has fracasado varias veces con tu hábito, no hay razón para sentirse continuamente frustrado y desconcertado. Te garantizo que alguien ha cambiado exactamente el mismo hábito que tú estás intentando modificar en este momento. Esa persona ha experimentado tus dificultades y sabe cómo superarlas. Así que la forma de dominar tu hábito es averiguar lo que hizo y copiar su comportamiento. Esta estrategia se denomina modelado.

El modelado es perfecto para lograr aquellos hábitos más difíciles para los tipos normales y corrientes: comer más sano, hacer ejercicio con regularidad o dejar de fumar. Para todos ellos existen libros, grupos de apoyo y programas diseñados para ayudarte a cambiarlos. Dicho esto, mi objetivo en este libro es asegurarme de que tienes todo lo que necesitas para realizar tu cambio de hábito sin depender de otros recursos. La recomendación anterior es un método de último recurso. Y antes de que lo consideres, hay un modelo que merece la pena consultar y que no te costará ni un céntimo.

El tipo que te devuelve la mirada en el espejo

Sí amigo, ese eres tú. Puede que seas el mejor modelo que puedas imaginar. ¿A qué me refiero? Bueno, examina tu pasado. ¿Qué hábitos has iniciado con éxito en los cinco, diez o quince años anteriores? Seguro que ha habido alguno.

Uno de los primeros hábitos que recuerdo haber adquirido conscientemente fue el de utilizar el hilo dental. Sabía perfectamente que no lo hacía, y mi dentista me lo recordaba continuamente. A partir de este hábito, ideé la táctica "practica tu hábito a primera hora de la mañana", que he modelado muchas veces desde entonces.

Ahora es tu turno. Revisa tu pasado y pregúntate lo siguiente:

- ¿Qué hábitos tienes ahora?
- ¿Qué hábitos extraordinarios mantuviste durante un año o más, pero luego los abandonaste?
- ¿Cómo se formaron estos hábitos?
- ¿Qué tácticas utilizaste para iniciar y luego mantener cada hábito?

Aprender de tus propios éxitos puede ser enormemente beneficioso. Así que recuerda los patrones, comportamientos o acciones en los que te basaste para consolidar los hábitos del pasado, y luego utiliza esas mismas tácticas para iniciar el nuevo. En otras palabras, modela tu comportamiento pasado.

---

[3] Probablemente te habrás dado cuenta, pero si no es así, el tono más oscuro de la hoja de cálculo es el rojo y el más claro el verde.

[4] Tras mucho experimentar a lo largo de los años, he aprendido que si no bebo cafeína durante más de tres días seguidos, no sufro el síndrome de abstinencia si lo dejo de forma repentina. Antes de reducir el consumo de café a una sola taza a la semana, estuve al menos un año sin tomar cafeína más de tres días seguidos.

Capítulo 5

Rompe con los viejos hábitos

En lo referente a deshacerse de una costumbre, existen dos escuelas de pensamiento. La primera consiste en ejercitar los músculos de la fuerza de voluntad (tratada en el capítulo 2), y la segunda en la sustitución (mencionada en el último capítulo).

En mi caso, he experimentado tanto con la fuerza de voluntad como con el reemplazo. Y en este capítulo, aprenderás cómo puedes utilizar ambos métodos para romper con los malos hábitos. Empecemos con la táctica con la que probablemente estén familiarizados más tíos.

Dejar pasar la tentación

Si has intentado dejar de fumar, de comer comida basura o de beber en exceso, seguro que has tenido la tentación de agarrar ese cigarrillo, el chocolate o la botella de whisky, y has luchado contra el impulso con todas tus fuerzas. A veces ganas, a veces pierdes.

Tu porcentaje de éxito posiblemente dependa de dos cosas:

1. Lo mucho que deseas el nuevo hábito
2. Tu experiencia a la hora de resistir la tentación

Hablemos de la primera cuestión. Si quieres acabar con una costumbre, es probable que un nuevo hábito cumpla con tu objetivo a largo plazo. Como se mencionó en el capítulo 1 (la visión limitada y la solución fácil) y al final del capítulo 3 (contratiempos temporales), centrarse en una meta a largo plazo te ayuda a combatir el mal hábito. Y cuando este enfoque se combina con otras estrategias para el cambio de hábitos (como la elaboración de un plan, avanzar con pequeños pasos y conocer tu kriptonita), tus probabilidades de éxito aumentan exponencialmente.

En cuanto a la segunda cuestión, la experiencia resistiendo tentaciones sirve de mucho. Y resulta que hay una época del año perfecta para practicar el fortalecimiento de los músculos de la fuerza de voluntad.

La época propicia para entrenar la resistencia a las tentaciones

Muchos dicen: "La práctica hace la perfección". Y por esta razón, recomiendo encarecidamente participar en la Cuaresma, que llevo practicando desde que tengo uso de razón. Pero espera un segundo, ¿no tienes que ser cristiano para celebrar la Cuaresma?

No existe ninguna clase de reglamento al respecto. No estoy adscrito a ninguna religión desde hace más de una década, y sigo practicando la Cuaresma todos los años. Incluso mi novia (que es budista) ha abandonado o probado un nuevo hábito durante el periodo de observación de 40 días.

Sin duda, la práctica de la Cuaresma desde que era pequeño me ha proporcionado cierta ventaja a la hora de modificar mis hábitos. A lo largo del camino, he renunciado a los dulces, el alcohol, la cafeína, el sexo, a ver el baloncesto de la NBA y mucho más, con una tasa de éxito de alrededor del 90%. La cuestión es que, independientemente de tu afiliación religiosa, o de la falta de ella, la Cuaresma puede ayudarte a conocer mejor tu kriptonita de los hábitos, a ejercitar los músculos de tu fuerza de voluntad y a ganar confianza para cambiar tus costumbres.

Al igual que cuando adquieres experiencia en cualquier ámbito, llegarás a conocerte mejor a ti mismo, incluyendo tus puntos débiles, y empezarás a aprender estrategias eficaces para hacer frente a tus hábitos. Por ejemplo, cuando adquirí la costumbre de meditar tras trabajar en ello durante un periodo de 40 días después de la Cuaresma, aprendí lo importantes que son los desencadenantes de la acción y el diseño de una estrategia.

Espera, ¿un periodo de 40 días después de la Cuaresma? Sí, has leído bien. Comencé a meditar de forma rutinaria durante un periodo de 40 días después de la Cuaresma. Es decir, si prefieres no celebrarla porque no eres cristiano, puedes simplemente tomar prestado el concepto de la Cuaresma y aplicarlo a otro periodo de días, semanas o meses del año.

Cuaresma o no, dedicar un tiempo a probar una nueva rutina tiene sus ventajas (y puede ser divertido)

¿Recuerdas que en la introducción te pedí que imaginaras ser otra persona durante un día? Unos días experimentando un nuevo hábito es el momento perfecto para probarse otro par de zapatos y disfrutar de un estilo de vida diferente.

¿Cómo te sentirías si hicieras ejercicio cinco veces a la semana durante 60 días? ¿Y si dejas los refrescos durante 30 días? ¿Lograrás más si te levantas una hora antes durante 40 días? Observar y experimentar los resultados de tu ensayo con tu cambio de hábitos puede ser muy divertido. Es posible que te sientas diferente, que actúes de forma distinta e incluso que tu aspecto deje de ser el mismo. Y aunque es cierto que probar un nuevo hábito puede ser un fracaso, tal vez... solo tal vez... pueda cambiar tu vida. No obstante, solo hay una forma de averiguarlo, y es probándolo.

La época del año elegida para poner a prueba tu nueva rutina no es importante, pero ten en cuenta los acontecimientos y las fiestas que podrían frustrar tus esfuerzos. Por ejemplo, es posible que hayas oído hablar del concepto de "días tramposos", donde puedes saltarte las obligaciones que te hayas impuesto. Yo tengo mi mes tramposo: diciembre. Nunca modifico los hábitos en la época navideña, ya que suelo abusar de todo.

En cuanto al periodo dedicado a la práctica, yo recomendaría entre 30 y 60 días. Si son menos de 30, quizás no se manifiesten las profundas diferencias anímicas y psicológicas que supone un cambio de hábito. Y más de 60 días, a menos que estés cien por cien seguro de que quieres cambiar tu hábito (y no solo probarlo), probablemente sea demasiado tiempo. Un periodo de 60 días te ofrece tiempo más que suficiente para ver si quieres continuar de forma permanente o dejar las cosas como estaban.

Con independencia de que tu objetivo sea poner a prueba un hábito o bien implantarlo, dedicar una época del año al cambio de hábitos te servirá para conocerte mejor a ti mismo. Por ejemplo, yo no era consciente del efecto agravante que el calor de Tailandia tenía sobre mis hábitos de consumo de alcohol y cafeína hasta que renuncié a ellos durante dos periodos distintos de Cuaresma en Bangkok.

Al evitar estos estimulantes durante largos periodos de tiempo, de repente me di cuenta de cómo funcionaba mi cuerpo sin ellos: ya no me deshidrataba constantemente. Se me ocurrió la teoría de que el calor no era la única causa de este problema, sino que el café y el alcohol desempeñaban un papel importante. Más tarde puse a prueba esta hipótesis estando de vacaciones navideñas en EE.UU., al retomar mi consumo habitual de alcohol y cafeína. ¿Y qué pasó? No me deshidrataba como ocurría en Bangkok, lo que me ha llevado a la conclusión de que tengo que vigilar la cantidad de alcohol y cafeína que bebo en Tailandia... al menos si no quiero estar crónicamente deshidratado.

Con esta historia quiero señalar que un periodo de 30, 40, 50 o cualquier otro número de días dedicados al cambio de hábitos te permitirá comprender mejor cómo afectan a tu vida los nuevos alimentos, bebidas o costumbres. Es un experimento. Y los resultados, como puedes ver, pueden ser bastante reveladores.

Esta no es la única razón por la que recomiendo un periodo similar a la Cuaresma. También te sirve para disponer de un plazo prolongado en el cual adaptarte a la nueva rutina, de forma parecida a cómo la gente utiliza el año nuevo para empezar o abandonar un comportamiento. Los 40 días te proporcionan un punto de partida definido que te permite poner a prueba un hábito. Y a veces se mantiene. Como he mencionado antes, reinicié la práctica de la meditación diaria durante un periodo de 40 días inmediatamente después de la Cuaresma de 2014, y sigue siendo un hábito estable hasta el día de hoy.

Cuando se trata de eliminar hábitos, un receso prolongado también te permite acostumbrarte a resistir los impulsos y dejarlos pasar.

Resistiendo la tentación

Puedes sentirlo. El impulso te invade. Tus piernas empiezan a temblar mientras intentas luchar contra la tentación, pero tu mente se consume con los cigarrillos o la comida basura. ¿Cómo puedes resistirte? Si solo pudieras fumar una vez, o probar un bocado de pastel, todo iría bien.

El impulso crece como una ola, suplicando, gritando que te des el gusto... Te dices a ti mismo: "No, esto no es lo que quiero". Ceder te hará sentir bien ahora, pero solo te hará daño después. Quiero una vida sin tabaco. Quiero una dieta más sana. Quiero seguir adelante con mi vida... y entonces, de repente, se interrumpe. El deseo empieza a disminuir.

Cuando te resistas a la tentación, date cuenta de que el impulso aumenta hasta alcanzar un crescendo, se quiebra y luego empieza a remitir. Para llegar al punto de ruptura, en general necesitas apartar tu mente de la tentación. En otras palabras, céntrate en otra cosa.

Puedes pensar en el escenario global o en tu recompensa. También puedes concentrarte en tu respiración, como si estuvieras meditando. O escuchar el sonido de la brisa, o entretenerte con la televisión... Para resistir la tentación, pensar en otra cosa es una opción eficaz. Compórtate como si intentaras distraer a un niño de dos años que llora (pero, en este caso, tú eres el niño que llora). Centra tu mente en otro asunto, y el problema desaparecerá.

Si no reaccionas al impulso, éste pasará. Vendrán más impulsos, sí, pero se debilitarán cada vez más hasta que desaparezcan por completo.

¿Es un método difícil? Sí, incluso después de aplicarlo personalmente durante años, sigue siendo un desafío. Cuando te enfrentas a una costumbre profundamente arraigada, casi nunca resulta sencillo. Por eso agradezco el haber descubierto una opción alternativa que considero más adecuada para acabar con un hábito.

Reemplaza el mal hábito con otra cosa

Examinemos más de cerca la estrategia del reemplazo. A primera vista, la táctica es bastante fácil: basta con sustituir el mal hábito con otra cosa. Los fumadores (sean conscientes de ello o no) llevan décadas utilizando este método al reemplazar los cigarrillos por Nicorette o chicles. Dicho esto, este método puede aplicarse a cualquier costumbre. Solo tienes que descubrir la fuerza que lo impulsa. Por ejemplo, recordemos *El poder de los hábitos*. En su libro, Charles Duhigg describe su mala costumbre de comerse todos los días un aperitivo alrededor de las 3 de la tarde. ¿Pero qué impulso satisfacía el aperitivo? ¿El impulso de comer? ¿O era otra cosa?

Tras experimentar con diferentes sustitutos del aperitivo, Duhigg descubrió que la verdadera causa de su hábito no tenía nada que ver con el hambre, sino con conseguir una distracción temporal del trabajo. Tenía ganas de tomarse un descanso, y abandonar el escritorio para comprar un aperitivo satisfacía precisamente esa necesidad.

Cómo descubrir el estímulo que fomenta tu mal hábito

La clave consiste en experimentar diferentes opciones. Si eres fumador, puede que tu estímulo principal que te empuja a fumar no tenga nada que ver con la nicotina. Por ejemplo, mi deseo de fumar era muy parecido al de Duhigg de tomar un aperitivo. Al dejarlo, descubrí que la fuerza motriz del hábito era conseguir un descanso temporal y un poco de aire fresco. Así que cuando me surgía la necesidad de fumar, paseaba y el hábito iba remitiendo.

Con qué sustituí el alcohol durante mi parada de cinco meses

¿Recuerdas la historia que conté en el capítulo 1, en la que renuncié al alcohol durante cinco meses? La parte más difícil de esa prueba fue ir directamente al avispero, un bar, y negarme a beber. ¿Cómo lo hice? Aunque no me di cuenta en aquel momento, mirando hacia atrás puedo ver claramente que sustituí la cerveza del bar por una alternativa: el tabaco de mascar.

Desde hace años me encanta el tabaco masticable, pero nunca tanto como cuando dejé el alcohol durante cinco meses. Una vez más, no tenía ni idea de que estaba sustituyendo mis ganas de beber por otro estimulante, pero de todos modos fue efectivo. Tan solo tenía que meterme el tabaco en la boca y ya no me apetecía tomar cerveza. Es cierto que estaba sustituyendo un mal hábito por otro, así que no era la mejor alternativa.

Sin embargo, hoy en día sigo utilizando esta estrategia, pero con sustitutos más saludables. En lugar de café, bebo té o batidos. En lugar de alcohol, busco un refresco o un zumo. Así que la próxima vez que te dispongas a renunciar a un hábito, pregúntate: "¿Con qué puedo sustituirlo?".

Puede que encuentres la respuesta para acabar con tu hábito más frustrante.

Capítulo 6

El poder de la influencia: te conviertes en lo que consumes

Puede que hayas escuchado la frase "eres el reflejo de las cinco personas con las que más te relacionas". Como a la mayoría de la gente, en un principio me parecía una expresión más sin importancia. Pero, a medida que voy envejeciendo, me voy dando cuenta de la verdad que nos enseña esta afirmación. Las personas que frecuentamos tienen una influencia increíble en nuestra vida.

En cierta ocasión pude observar cómo un amigo, un tipo de lo más tranquilo, se transformó de golpe en un imbécil crítico y exigente. ¿Cuál fue la causa? Casi con toda seguridad, su nueva y malhumorada pareja... Volvió a la normalidad cuando rompieron unos años después. Algo parecido le ocurrió a una antigua novia. Empezó a trabajar con un jefe maleducado y, antes de que me diera cuenta, se comportaba de forma grosera conmigo, incluso utilizando algunas de sus frases al pie de la letra. Una vez que se despidió del trabajo, esos hábitos groseros empezaron a desaparecer.

Pasa el tiempo con tus modelos

En el capítulo 4 expliqué que copiar el comportamiento de un modelo puede ser beneficioso a la hora de cambiar un hábito especialmente persistente. Dado que las personas con las que te relacionas te influyen enormemente, deberías aprovechar la oportunidad de interactuar regularmente con tus modelos.

En 2014, hice exactamente eso. Quería dejar mi trabajo para convertirme en un escritor autónomo a tiempo completo. Y aunque en aquel momento no conocía a ningún trabajador independiente, sí tenía constancia de una comunidad online llamada Freelance Writer's Den. Allí podía interactuar y aprender de freelancers experimentados, algunos de los cuales ganaban más de seis dígitos al año.

Me uní a Den en junio con la intención de dejar mi trabajo por cuenta ajena en septiembre. Después de inscribirme, me adentré en los recursos online de la comunidad, hice preguntas en el foro y aprendí todo lo que pude sobre el comportamiento de los profesionales independientes de éxito. Cuando llegó septiembre, no solo había conseguido una pequeña base de clientes, sino que también dejé mi trabajo como tenía previsto. Es más, al mes siguiente batí el récord de dinero ganado desde que llegué a

Bangkok. Mis redacciones como autónomo me reportaron en octubre un 35% más de ingresos que mi trabajo diurno en septiembre. Nunca lo habría conseguido sin la influencia y el apoyo de la comunidad online.

Dicho esto, Freelance Writer's Den no es el único ejemplo de cómo una comunidad online puede influir en tus hábitos y mentalidad. En julio de 2017 me uní al increíble grupo de Facebook "Mastering Amazon Ads" y vi cómo las ventas de la *Guía para la meditación, escrita por un tipo normal* se dispararon de unos pocos ejemplares al mes a más de cien con regularidad, todo ello tan solo seis meses después de inscribirme en el grupo.

Como los tipos con los que te relacionas habitualmente te influyen enormemente, te recomiendo que dediques todo el tiempo posible a estar rodeado de influencias positivas. Y si no puedes salir físicamente con ellos, normalmente los podrás encontrar en internet.

Acostúmbrate a interactuar con influencias positivas

Por supuesto, salir con las personas adecuadas no significa un cheque en blanco para no hacer nada.

También debes interactuar activamente con ellos. Si me hubiera unido a Freelance Writer's Den o a Mastering Amazon Ads y hubiera participado poco, no habría llegado a ninguna parte. Como mínimo, tienes que aprender del grupo y modelar su comportamiento. Y si participas con regularidad, es probable que adoptes nuevos hábitos automáticamente, ya que la influencia del grupo se contagia de forma natural. Pero, por supuesto, no solo hay que rodearse de buena gente.

La influencia de la alimentación, la música, los contenidos audiovisuales, y todo lo demás

Cuando hablamos de modificar la conducta, las personas son solo una de las piezas del rompecabezas. Existen otros factores que influyen en el comportamiento y que muchas personas desconocen o simplemente pasan por alto.

¿Recuerdas el viejo dicho "somos lo que comemos"? Pues yo creo que esa afirmación es cierta... la comida y la bebida que tomas pueden tener un gran impacto en tu estado de ánimo, tu salud, tu productividad y tu comportamiento. Me convierto en el típico teatrero si bebo demasiado alcohol o cafeína. Me vuelvo irritable, reacciono de forma exagerada ante pequeños problemas y, en general, me siento inestable. En otras palabras, me convierto en un desastre. Como ya he dicho, el consumo excesivo de cafeína y alcohol me produce deshidratación, lo que provoca un montón de otros problemas, como dificultad para dormir y brotes de psoriasis. No es agradable. Pero cuando reduzco el consumo de estos estimulantes, todos esos problemas desaparecen de forma natural.

Al margen de los estimulantes, probablemente sepas que una comida copiosa puede provocar letargo, y que las bebidas dulces pueden aumentar tus niveles de energía con la misma rapidez que provocan un bajón de azúcar. El problema es que tu cuerpo puede insensibilizarse a los efectos de aquello que consumes habitualmente. ¿Por qué? Porque te has acostumbrado a ello. Por eso, experimentar y evitar un alimento o estimulante concreto durante unos días puede desvelar cómo afecta a tu estado de ánimo y a tu psique.

La influencia de agentes externos no se limita a la comida, a los estimulantes y a la gente. La música que escuchas, los vídeos que ves, las noticias que lees... todo ello influye en tu comportamiento. Permíteme compartir contigo un ejemplo. Pocos años después del estreno de la película Una verdad incómoda, las noticias sobre el calentamiento global seguían estando de moda. Preocupado por el futuro del planeta, las leía todas. Por desgracia, ninguna de ellas era buena... todas decían que estábamos condenados. Y, bueno, era deprimente. Ese año, en 2008, cansado de la frustración que suponía el bajón del calentamiento global, en Cuaresma decidí no leer más noticias.

A las pocas semanas de la purga, no podía creer lo despejada que estaba mi mente y la estabilidad que sentía. La conclusión es que la influencia se presenta con todo tipo de formas y colores.

Si estás de mal humor con frecuencia, si siempre estás sin dinero, si tienes algún tipo de problema de salud que no desaparece... analiza tus hábitos de consumo. Reflexiona y pregúntate: "¿Qué puedo estar consumiendo que pueda causar este efecto negativo?".

Conviértete en investigador y prueba a eliminar un hábito o a añadir uno nuevo, y comprueba si hay alguna diferencia.

Capítulo 7

¿Crees que puedes cambiar?

Cursaba mi primer año en la universidad. Recuerdo que mi profesor de filosofía, el Dr. Hahn, nos relató en una ocasión una historia que se me quedó grabada hasta el día de hoy...

Se encontraba en un bar, sentado junto a dos tipos que parecían clientes asiduos. De repente, entró una hermosa mujer que se sentó en el extremo opuesto del local. Uno de los habituales miró a su amigo y le dijo: "¿No sería estupendo salir con una chica tan guapa como esa?".

El otro contestó: "Sí, lástima que jamás llegaremos a conseguir una". Los dos asintieron con la cabeza y siguieron bebiendo sus cervezas.

El Dr. Hahn explicó al grupo que esos chicos nunca saldrán con ella ni con ninguna mujer guapa porque no creen en su capacidad para lograrlo. De hecho, ni siquiera lo intentarán porque creen que está fuera de su alcance. Incluso si ella se acercara a alguno de ellos, lo cual es dudoso, seguramente lo estropearían al sentirse indignos ante semejante belleza.

La cuestión es que las creencias desempeñan un papel muy importante en tu capacidad para cambiar de hábitos o conseguir cualquier objetivo. Si no crees que puedes cambiar, simplemente no lo harás.

Personalmente, nunca he sido un tipo dado a las creencias. No soy religioso, ni creo en casi nada. Pero sé que todo lo que he conseguido, desde viajar por el mundo durante 11 meses o cambiar docenas de hábitos, hasta convertirme en escritor y autor a tiempo completo, empezó con creencias. Creía que podía alcanzar mi objetivo. Si no, nunca lo habría intentado. La creencia es fundamental para cualquier cambio.

Finge hasta que lo consigas, afirmaciones y mitos sobre las creencias

Al igual que existen mitos sobre los hábitos, también los hay sobre las creencias. Y quizás el mayor error al respecto es pensar que creer es sencillo: todo lo que tienes que hacer es *fingir hasta que lo consigas*. Algunos consideran que el éxito se materializará si actúas como si ya lo hubieras conseguido. Pero no es cierto. Sin la creencia, repetir frases o aparentar se convierten en promesas vacías que pueden llevar al autoengaño y a la negación.

Aunque no tengo nada en contra de las afirmaciones positivas, el problema surge cuando no te crees los mensajes que te dices a ti mismo, o alteras tu comportamiento para adaptarlo a la afirmación. Por ejemplo, si dices que vas a bajar 9 kilos, pero sigues comiendo una caja de pastelitos cada dos días, esa barriga cervecera no va a desaparecer. Si te repites continuamente "soy millonario" durante meses, pero no haces nada más que sentarte en el sofá todo el día viendo *Supervivientes*, tus posibilidades de lograr ese sueño son mínimas. ¿Por qué? Las afirmaciones y el *fingir hasta conseguirlo* no abordan el problema de fondo. Tiene que llegar un punto de inflexión en el que fingir se transforme en una creencia interna legítima. Hazlo y realmente podrás conseguir cualquier cosa.

7 pasos para activar la creencia

Una afirmación por sí sola se queda corta, pues carece de un plan, una estrategia y una visión. Y puede que no te hayas dado cuenta, pero este libro proporciona una hoja de ruta para las tres últimas.

En otras palabras, en estas páginas se perfila un plan sobre cómo generar creencias. Los pasos exactos están dispersos por todo el libro, así que aquí los tienes por orden:

- **Paso 1: Encuentra tu propósito**
  Todo empieza aquí. Antes de desarrollar una estrategia y una visión, tienes que averiguar lo que realmente deseas. Así que pregúntate: "¿Qué es lo que me haría realmente feliz?" y luego define exactamente cómo es tu recompensa. No importa si persigues un simple cambio de hábito o un millón de dólares, tu propósito es el motor de tus creencias.

- **Paso 2: Experimenta, experimenta, experimenta**
  La mayoría de los tíos que intentan cambiar un hábito ya saben cuál es su propósito (y si ese es tu caso, puedes saltarte este paso). Pero para los que buscan un objetivo más ambicioso, que no saben lo que quieren en su carrera profesional, en sus relaciones o en su vida, experimentar un estilo de vida puede ser útil. ¿Crees que te gustaría ser farmacéutico? Trabaja como voluntario en una farmacia durante unos meses para ver si te gusta. ¿Quieres encontrar a la chica o al chico de tus

sueños? Entra en Tinder o en otra aplicación de citas y lánzate a descubrir las características ideales de tu pareja perfecta. Prueba, prueba y prueba hasta que encuentres lo que buscas.

- **Paso 3: Define una meta clara y específica**
  Ya conoces tu propósito. Sabes lo que quieres. Ahora es el momento de diseñar el gran escenario de tu ambición. Define un objetivo medible, concreto y específico que esté bajo tu control.

- **Paso 4: Recuerda todos los días cuál es tu objetivo**
  Si te gustan las afirmaciones, ahora es el momento de decirlas. También puedes programar recordatorios en el teléfono, apoyarte en el compromiso extremo o pegar un cartel en un lugar en el que puedas leer a diario cuál es tu objetivo.

- **Paso 5: Prioriza tu objetivo**
  Concede más importancia a tu objetivo que a cualquier otra cosa en tu vida. Elabora un plan y luego utiliza el método ABC para mantener la concentración en las tareas necesarias para llevar a cabo tu visión.

- **Paso 6: Poco a poco**
  Ahora es el momento de actuar. Por tanto, da un pequeño paso hacia tu objetivo. Quizá sea hacer ejercicio durante 20 minutos el martes, o ahorrar 50 dólares este mes. Sea cual sea el objetivo, con cada pequeña victoria empezarás a ganar confianza. Empezarás a creer.

Oye, oye, oye, oye, oye... "¿No dijiste que había 7 pasos?"

Amigo, me has pillado. Ciertamente, así lo escribí en el encabezamiento de esta sección. Pero el último paso es tan importante que no se puede resumir en un par de frases. De hecho, el paso 7 puede ser el único que necesiten algunas personas. ¿De qué se trata?

Todo vuelve al mensaje central del último capítulo: rodéate de otras personas que estén persiguiendo tu objetivo, o que ya lo hayan conseguido. La filosofía que subyace en este paso es la razón por la que programas como Alcohólicos Anónimos son tan eficaces. Los alcohólicos en recuperación ven cómo otros miembros del grupo superan su dependencia... y entonces empiezan a creer: "¿Y si yo también puedo hacerlo?".

Si quieres dejar de fumar, pero estás desesperado, intenta encontrar a un grupo de tíos que lo hayan dejado o que estén en proceso de superarlo, y pasa todo el tiempo que puedas con ellos. Estar rodeado de influencias positivas aumentará tu confianza. Esto es lo que ocurrió cuando me uní a la comunidad de escritores que mencioné en el último capítulo. Cuando observé que había miembros que triunfaban, supe que yo también podía lograrlo. Y cuando publiqué mis preguntas en el foro, la gente me apoyó, me ayudó y me dijo que podía convertirme en un escritor autónomo a tiempo completo. Esto influyó enormemente en mi confianza y en mi creencia de que podía conseguirlo.

Independientemente del hábito que estés tratando de transformar, una influencia positiva y un buen grupo de apoyo pueden inspirar la convicción, favoreciendo el proceso. En este sentido, libros y podcasts también pueden actuar como elementos de respaldo. La voz de los expertos puede inspirar la confianza y mostrar el camino hacia tu objetivo. Si quieres perder peso, consulta todos los días durante una hora libros o podcasts relacionados con la pérdida de peso. Cuanto más inundes tu mente con el cambio que quieres producir, más creerás. Antes de que te des cuenta, el cambio empezará a materializarse en tu vida.

Lucha contra los gigantes

Cambiar de hábitos no es una tarea fácil. Muchos de ellos están arraigados en lo más profundo de nuestra psique y se han reforzado repetidamente durante años, incluso décadas. Invertir estos patrones puede parecer una tarea monumental.

Puedes intentarlo decenas de veces y fallar una y otra vez, y otra vez...

Después de muchos fracasos, puedes llegar a pensar que algún poder superior se está riendo de ti. Te hunde de nuevo justo cuando te estabas levantando... aplastando tu confianza, tu espíritu y tu esperanza.

¿Cómo puedes creer cuando el fracaso te abruma, cuando la luz al final del túnel se apaga y es sustituida por una negrura fría y sin vida?

Es posible que sientas que te falta el aire... pero detente un minuto.

Respira, siéntate y di las dos palabras siguientes: visión global.

Cuando ya no veas la luz, debes imaginarla. Puede que ahora mismo tu objetivo solo exista en tu mente, pero si sigues avanzando, tu derrota será únicamente un revés temporal. Recuerda, avanza poco a poco y concéntrate en los escalones, no en la escalera.

¿Y sabes qué? Ya has dado el primer paso. Al leer este libro has adquirido los conocimientos necesarios para cambiar tus hábitos, crear una meta a gran escala y cumplir ambas cosas.

Ahora solo tienes que seguir actuando.

Aquí es donde interviene el capítulo siguiente. Cada una de las estrategias mencionadas con anterioridad aparece enumerada y resumida para facilitar su consulta. ¿A qué esperas?

Pasa la página, escoge unas cuantas estrategias, elige un nuevo hábito... ¡y a por él, campeón!

Capítulo 8

Ficha de referencia sobre el cambio de hábitos: 23 estrategias para crearlos o eliminarlos

Hemos abordado muchos conceptos en este libro. Y ahora quiero que te resulte lo más sencillo posible empezar o abandonar cualquier hábito cuando lo desees, y lograr así tus metas más importantes. Aquí tienes un listado de todas las estrategias para el cambio de hábitos que figuran en este libro, de forma resumida:

1. Desencadenantes de acción
¿Dónde y cuándo vas a llevar a cabo tu hábito? ¿En el gimnasio de tu apartamento a las 11 de la mañana? ¿En el cojín de meditación de tu salón inmediatamente después de cenar? Visualiza la hora y el lugar exactos en los que realizarás tu hábito, y lo recordarás fácilmente.

2. Anótalo
Apunta tu nuevo hábito en la agenda, la lista de tareas pendientes o calendario. Si lo escribes, es más probable que lo cumplas.

3. Realiza un seguimiento de tus hábitos

Registrar la evolución de tus hábitos en una hoja de cálculo te ayuda a recopilar datos y a mantenerte concentrado. Para saber si hay una correlación entre tus victorias, tus derrotas y otros comportamientos, anótalos en la hoja y reflexiona cada semana sobre tus progresos.

4. Realiza tu hábito por la mañana

Por la mañana es menos probable que una llamada del bar, de tus amigos o de la cama te haga desistir de tu hábito: los imprevistos no frustrarán tus esfuerzos. Tienes pleno control sobre tus mañanas.

5. Acumulación de hábitos

Aprovecha el potencial de tus hábitos actuales para iniciar uno nuevo, colocándolo entre los ya establecidos.

6. Altera tu entorno

Cambia tu entorno para utilizar una menor fuerza de voluntad. Elimina distracciones, tentaciones y personas que habitualmente adoptan conductas que quieres evitar, y te será mucho más fácil modificar tu hábito.

7. Reemplazo

Sustituye tu mal hábito por algo más saludable. Por ejemplo, cambia los cigarrillos por chicles, el café por batidos verdes, los aperitivos por alguna interacción social, o algo parecido. Así tu impulso se debilitará.

8. Ejercita los músculos de tu fuerza de voluntad
Practica el cambio de hábitos con regularidad durante un periodo de días predeterminado. Participa en la Cuaresma o reserva un intervalo de 30 a 60 días a tu elección destinado a probar nuevos hábitos.

9. Anticipa el fracaso
Especialmente en el caso de costumbres persistentes e irrefrenables. Tropezarás, te sentirás derrotado; sigue adelante. El fracaso forma parte del proceso.

10. Cuidado con los tiempos convulsos
El embarazo o el nacimiento de un hijo pueden desestabilizar tu mundo. Un nuevo trabajo o un aluvión de pedidos pueden afectar a otras partes de tu vida, haciendo que tus objetivos se queden en el camino. Si intentas comenzar con un nuevo hábito en medio de un gran cambio vital o de una crisis personal, ten en cuenta que la probabilidad de fracasar seguramente se cuadruplique.

11. Identifica tu kriptonita

La mitad de la batalla para vencer en el juego del cambio de hábitos consiste en comprender tu principal obstáculo. Conoce tu mayor debilidad y planea una estrategia para sortear las dificultades.

12. Compromiso extremo

Apuesta por aquello en lo que te comprometes... con dinero, o con una foto tuya desnudo (bromeo con esto último). Que un amigo te obligue a responder de tus compromisos por medio de la vergüenza pública, la pérdida de dinero o la realización de algo que vaya en contra de tus principios. Haz que el fracaso sea doloroso.

13. Define un objetivo totalmente claro

Haz que tu objetivo sea medible, concreto, específico y que esté bajo tu control. Por ejemplo, en lugar del objetivo "comer más sano", formula uno más específico y descriptivo: "Comeré cuatro raciones de verdura al día y haré ejercicio durante 30 minutos, cuatro días a la semana, con el objetivo de perder 11 kilos antes del 5 de noviembre".

14. Recordatorios diarios

Programa un recordatorio diario relacionado con tu hábito. Puede ser un cartel gigante en la puerta de tu habitación en el que se lea: "Haz ejercicio, tío". O quizás un recordatorio diario en el teléfono que te avise de que tienes que dejar de fumar. Si el recordatorio es algo doloroso, como mi mudanza al comedor, tus probabilidades de éxito aumentan exponencialmente.

15. Prioriza

Utiliza el método ABC para centrarte en las cosas importantes. ¿Tienes prioridades que compiten entre sí? Pregúntate: "¿Qué tarea supondrá un mayor impacto en mi vida?".

16. Encuentra tu *propósito*

Concéntrate en el premio. Cuando consigas tu objetivo, ¿qué obtendrás exactamente? Mientras que tu objetivo es la meta, tu propósito es la recompensa por ganar. Tal vez sea la posibilidad de dejar tu trabajo, obtener unos ingresos de 20.000 dólares al mes o hacer un viaje de mochilero por Europa durante seis meses. Sea lo que sea, tu motivación es la fuerza que te permite perseverar cuando las cosas se ponen difíciles.

17. Recuerda la visión global

Cuando sufras un revés importante, siéntate y pronuncia dos palabras: visión global. A continuación, piensa en tu objetivo perfectamente definido, visualiza tu recompensa y recuerda que persigues algo más grande. Tu fracaso de hoy es solo un contratiempo temporal en el escenario general.

18. Poco a poco
Avanza poco a poco, con pequeños pasos. En lugar de hacer ejercicio seis días a la semana desde un principio, empieza con uno o dos días, y ve aumentando progresivamente.

19. Rodéate de animadoras
No de forma literal. Más bien, rodéate de tipos que quieran cambiar el mismo hábito que tú y que te apoyen. Rodéate de influencias positivas.

20. Encuentra un modelo
Alguien que ya haya logrado el cambio de hábito que deseas. Averigua lo que hizo esa persona y copia su comportamiento. Tal vez modeles los comportamientos descritos en un libro, de un experto en internet, de alguien que conozcas o del tipo que te mira en el espejo.

21. Consigue un orientador
Si quieres potenciar la gestión de tus hábitos, combina las dos últimas tácticas y contrata a un orientador. No solo contarás con una influencia positiva y experimentada que ha estado en tu lugar, que conoce tus luchas y las ha superado, sino que además habrás malgastado el dinero en el entrenador si fracasas, lo cual te obliga a seguir adelante.

22. Únete a una comunidad online

De forma similar a las tres últimas tácticas, aprende de los éxitos de otros miembros de la comunidad y empápate de las vibraciones positivas del grupo. Es más, ver triunfar a otros como tú puede infundirte la acción más importante que necesitas para conquistar tu hábito...

23. Cree

La base de todo. Si no crees, te conviertes en tu propio obstáculo. No te limites a pensar que eres grande, asúmelo. Mantén la barbilla alta, sigue los consejos anteriores y en tu interior sabrás que puedes conseguir cualquier cosa que te propongas.

Del mismo autor

La popular serie de *Guías de un tipo normal*.

Disponible en Amazon.es

Agradecimientos especiales

La *Guía de los hábitos, escrita por un tipo normal* no fue desarrollada por un tío solo en su cueva mientras bebía cerveza (aunque ciertamente se bebieron unas cuantas birras). A mis editores, Cheyenne Hollis y Chris Wotton, gracias por sus sugerencias y su rapidez de ejecución.

A Albert Milan y su equipo de Spanish Works. Vuestro trabajo es absolutamente brillante y obviamente esta versión del libro no sería posible sin vuestra ayuda.

Por supuesto, a mi encantador amiguete (sí, las mujeres también pueden ser amiguetes) Arissara Suratanon. Gracias por aguantar el agitado estilo de vida de un novio escritor, mi agenda laboral de 6 días a la semana y las noches en las que me tomo una cerveza de más y te desvelo con mis múltiples viajes al baño. A excepción de esto último, no siempre será así.

Por último, a mis padres. Gracias por creer en mí en todo momento, por animarme a alcanzar la luna y por todas las risas que me he echado por el camino.

Notas finales

INTRODUCCIÓN

5 **La inversión como metáfora.** Darren Hardy. *El Efecto Compuesto: Multiplicar el éxito de forma sencilla* (Nueva York: Vanguard Press, 2011), 40-41. En estas páginas en concreto, Hardy habla de cómo una taza de café al día puede sumar 51.833,79 dólares en veinte años.

CAPÍTULO 1

10 **Thomas Edison falló mil veces.** Dr. Gary S. Goodman. "EXACTLY HOW MANY TIMES DID EDISON FAIL? Find Out for Yourself!". Nightingale-Conant, http://www.nightingale.com/newsletters/556/ (consultado el 6 de septiembre de 2018). Bueno, amigo mío, siendo totalmente sincero, al parecer se discute el número de intentos fallidos de Edison para crear una bombilla. 1.000 parece una cifra bastante aceptada, pero como explica este artículo, la respuesta real es incierta. Digamos que fracasó bastantes veces.

CAPÍTULO 2

24 **Estudio realizado por Roy Baumeister en 1996.** Chip Heath y Dan Heath. *Cambia el chip: Cómo afrontar* *cambios que parecen imposibles* (Nueva York: Currency, 2010), 8-10. Aunque el estudio es originalmente de Roy Baumeister, lo encontré en el libro de *Cambia el chip*, en el que me he basado para este relato. Para más información sobre este estudio, consulta el artículo de Hans Villarica (9 de abril de 2012) "The Chocolate-and-Radish Experiment That Birthed the Modern Conception of Willpower" (El experimento del chocolate y el rábano que dio origen a la concepción moderna de la fuerza de voluntad), The Atlantic, https://www.theatlantic.com/health/archive/2012/04/the-chocolate-and-radish-experiment-that-birthed-the-modern-conception-of-willpower/255544/ (consultado el 6 de septiembre de 2018)

37 Un estilo sobre el cambio de hábitos. Leo Babauta. *El poder de lo simple: El arte de limitarte a lo esencial en la vida y en el trabajo* (Nueva York: Hachette Books, 2009), 33-36

CAPÍTULO 3

50 El método de priorización ABC. Brian Tracy. *¡Tráguese ese sapo! 21 estrategias para tomar decisiones rápidas y mejorar la eficacia profesional* (San Francisco: Berrett-Koehler Publishers, 2007), 37-40

57 Desencadenante de acción. Heath. *Cambia el chip.* 209-212

63 En una ocasión, un analista de Forrester estimó. JP Mangalindan (3 de febrero de 2015) "Inside Amazon Prime," Fortune, http://fortune.com/2015/02/03/inside-amazon-prime/ (consultado el 6 de septiembre de 2018)

63 Bezos creía en el servicio. Brad Stone. *La tienda de los sueños. Jeff bezos y la era de Amazon.* (New York: Back Bay Books, 2013), 188

64 Los obstáculos se pueden percibir como contratiempos temporales. Stone. *La tienda de los sueños*, 159. Aunque en esta página se menciona que los contratiempos son temporales, este tema se ilustra a lo largo del libro a través de varias historias.

CAPÍTULO 4

78 Dejar un mal hábito. Charles Duhigg. *El poder de los hábitos: Por qué hacemos lo que hacemos en la vida y en la empresa.* (Londres: Random House Books, 2013), 61-78

CAPÍTULO 5

94 Comerse todos los días un aperitivo. Duhigg. *El poder de los hábitos,* 277-80, 283, 285

Made in the USA
Columbia, SC
21 October 2021